他们彼此深信
是瞬间迸发的热情让他们相遇。
这样的确定是美丽的，
但变化无常更为美丽。

——波兰诗人辛波斯卡

图书在版编目（CIP）数据

波兰旅本 / 冯萍著；番外编辑部编. — 广州：广东旅游出版社，2020.7（2023.3重印）

ISBN 978-7-5570-2200-6

Ⅰ.①波… Ⅱ.①冯… ②番… Ⅲ.①旅游指南—波兰 Ⅳ.①K951.39

中国版本图书馆CIP数据核字(2020)第036281号

番外·旅本

总　策　划：刘志松
执行策划：张晶晶　方银萍
责任编辑：方银萍
摄　　影：摄图网等
手绘插画：易　意
装帧设计：李红泉　谭敏仪
责任技编：冼志良
责任校对：李瑞苑

* 本书地图仅用于景点示意

波兰旅本 Bolan Lüben
广东旅游出版社发行
（广州市荔湾区沙面北街71号首、二层）
电话：020-87348887
深圳市希望印务有限公司印刷
（深圳市龙岗区坪地街道怡心社区吉祥二路13号厂房B栋）
787毫米×1092毫米 32开 6印张 170千字
2020年7月第1版 2023年3月第2次印刷
定价：49.80元

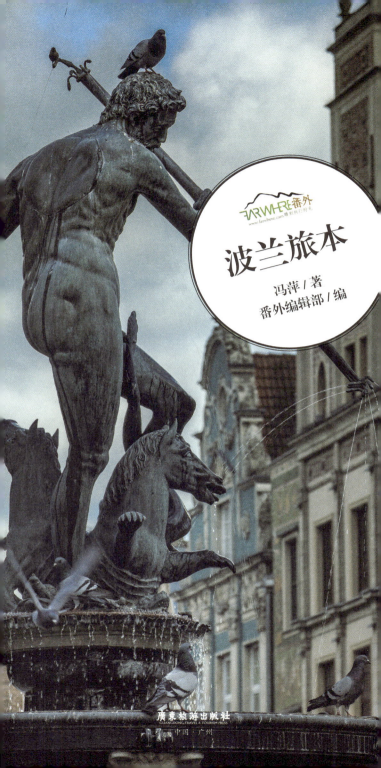

波兰旅本

冯萍 / 著
番外编辑部 / 编

广东旅游出版社
GUANGDONG TRAVEL & TOURISM PRESS
中国·广州

番外·小引 / 雕刻旅行时光

人生是一部大书，日常生活则是正文。

仅仅沉溺于执着于生活正文的进退兴废，跌宕起伏，生活职业化，算不上丰盛人生。

正文之外，还有番外。

旅行，算是人生番外的一种，生活的他方。

因此，圣·奥古斯丁在其蜚声于世的人生总结《忏悔录》中说："世界这本书，不旅行的人只看到其中的一页。"

的确，仰观宇宙之大，俯察品类之盛，乐山乐水，游目骋怀，旅行，穿越人山人海，翻越世界很多面，足以拓宽人生的宽度。

但是，并非理所当然地一定能延展生命的长度和提升生命的纯度。

旅行有如读书，虽万卷阅遍然不知"破"，亦囫囵吞下仙人果，不解其味，二师兄是也。

旅行不二，不能走马观花，浮光掠影，换个地方吃饭，换个城市走路，上车睡觉，停车撒尿，下车拍照，回来啥也不知道。

今天，国人已经告别了赶鸭子上架的打卡时代，旅行升级到了3.0，目的地从省内到国内再到国外；装备从walkman到iPad，从数码相机到单反；方式从跟团游、半自助到全自助……

越来越多的人在追求有价值的旅行。

但生活正文之外，要真正写好旅行番外这篇文章，做好罗杰斯所说的人生最有价值的投资，如卡尔维诺所说"为了回到你的过去或找寻你的未来而旅行"，升级还远远不够，还需要改变更多。

因为，说到底，所有人的旅行，从本质上说，都是想通过空间的位移来赋予时间新的意思，把时间活成更好的时光，让时间散发出日常生活之外诗意的光芒和别处的智慧。

他不可辜负。

他需要优游，需要深入其里，反复求索和玩味，方得其中三昧和味外之旨，从悦目、悦心到悦神。"星河尽涵泳，俯仰迷下上"，真正的旅行者都是涵泳者。

他需要踏着下雪的北京，品尝夜的巴黎，拥抱热情的塔希提，湄公河上有邂逅……

他需要搜集地图上的每一次风和日丽，用心挑选和寄出纪念品，路过纽约地铁里湿漉漉的表情，错过布拉格广场上最后一道班车，见证世界上最危险的厕所和最美丽的天空……

他需要一段午后的时光、雨中的跫声、一次森林的迷失、青草更青处的漫溯……

他需要一本书、一支笔、一页纸、一杯摩卡，他需要揣摩、吟咏、记录、描绘……

没错，他需要路上有谦卑，"keep hungry, keep foolish"。

而这，就是我们所提倡的，所致求的，就是我们的"番外"精神。

番外，是我们致力打造的一个旅行品牌，只为最有价值的旅行而生。今天，当你读到这段话时，事实上，已经进入了我们的番外·旅本。番外·旅本，是一种图书和笔记本融合的跨界产品，既是一种精雕细刻的价值读物，也是一种用以记绘可以反复使用的环保记事本。总之，它是一种可以改变旅行态度和旅行方式的文创产品，提倡从脚下旅行、眼睛旅行、相机旅行到笔下旅行、走心旅行、创新旅行（"试图用能给世界一些新意的眼光来看世界"——凯鲁亚克），打造属于自己旅游传承的博物馆。

番外·旅本，雕刻旅行时光，不辜负每段旅程。

时间因雕刻而精致，岁月因记录而传承。

番外·旅本，欲承载人生更多的热爱和梦想。

这，真需要你我一同来完成。

刘志松

Contents 目 录

波兰°博物馆

资讯°微焦距

城市°丈量指南

波兰
博物馆
POLAND

波兰简史

　　波兰是一个命运多舛的国家，位于兵家必争之地，强大的时候出现了雅盖隆王朝的辉煌，衰败的时候夹在强大的德国和俄罗斯之间，饱受战争的蹂躏。

　　这个美丽的国家历史文化悠久，诞生了很多著名的作家和诗人。获得诺贝尔文学奖的作家亨利克·显克维支的《十字军骑士》以沉重的历史书写歌颂着波兰的骑士精神和爱国热情，在历史的洪流之中闪闪发光，成为波兰人的骄傲；亚当·密茨凯维奇的《先人祭》同样展现了爱国之情；女诗人辛波斯卡的《一见钟情》，显示了波兰人的柔软和浪漫情怀。相隔23年，女小说家奥尔加·托卡尔丘克以非凡的想象力，再次为波兰获得诺贝尔文学奖。她的小说把我们带入到了太古与时间的河流，让我们感受充满历史的沧桑国度。

　　国人最早了解波兰，可能是通过波兰的历史人物，比如第一位两次获得诺贝尔奖的女性居里夫人，第一次推翻"地心说"的天文学家哥白尼、把心脏留给波兰的钢琴诗人肖邦，以及第一位来自波兰的教皇、对波兰的历史起了巨大影响的约翰·保罗二世。

　　很多人还从历史教科书上去了解波兰：第二次世界大战的时候，纳粹以"闪电战"入侵波兰，成为第二次世界大战全面爆发的标志；震惊世界的"死亡工厂"——位于奥斯维辛的纳粹集中营夺去了100多万人的生命；1990年，苏联正式承认对杀害了2.2万名军人、知识分子等波兰人的卡廷惨案负全责……

　　波兰是位于东欧平原的西斯拉夫人国家，历史可以追溯到公元前700年的铁器时代早期。而波兰国家的历史起始于960年，当时大公梅什科一世统一了波兰的各个部落，建立了皮亚斯特王朝。他娶了位来自捷克的妻子（波西米亚公爵波列斯拉夫一世的女儿），受到妻子的影响接受基督教。公元966年，波兰接受了基督教为国教。公元1025年，梅什科一世长子——博莱斯瓦夫一

世加冕为波兰国王，波兰成为一个强大而统一的
国家。

12世纪中叶，波兰分裂为几个公国，进入了
封建割据的时期。13世纪初，康拉德大公引狼入
室，导致了条顿骑士团入侵波兰。为了抵抗条顿骑
士团，波兰王国和立陶宛大公国签订盟约，于16
世纪建立了波兰立陶宛联邦。这是一个共主联邦，
由雅盖隆王朝的君主统治。在波兰立陶宛联邦领导
下，由波兰人、立陶宛人、俄罗斯人、乌克兰人、
白俄罗斯人、捷克－摩拉维亚人、瓦拉几亚人、鞑
靼人、马扎尔人等组成的联军在格伦瓦尔德战役中
给了条顿骑士团毁灭性的打击，雅盖隆王朝国力强
盛，带领波兰文化进入了黄金时代。

14世纪以后，波兰逐步形成了贵族民主制。
由于1505年议会通过了宪法，削弱了王权，招致了外来势力的干预。为了防范旁边的莫斯科公国的威胁，波兰和立陶宛大公国议会在卢布林通过了成立统一的波兰共和国的决议，迁都到华沙，成立了波兰第一共和国。

17世纪，波兰贵族共和国走向衰弱，波兰农奴制的改革化为泡影。到了18世纪，俄国、普鲁士、奥地利三国对波兰进行了三次瓜分，波兰亡国。17世纪波兰中产阶级走上历史舞台，以及贵族阶级走向没落，这段时间的挣扎与斗争，都可以在著名的历史小说《玩偶》中看到。

1630年之后的一系列战争让波兰衰落，除此之外，贵族民主制让波兰在很多重大问题上很难作出决定。1795年之后，波兰经历了长达百年的外国统治。到了1809年，拿破仑在波兰中部建立了华沙公国，然而在拿破仑战败后，欧洲恢复了拿破仑战争前的格局。在此期间，波兰的资本主义得到了很大的发展。

第一次世界大战之后，波兰成立了第二共和国，开始了国家的建设。1939年，德国以"闪电战"袭击波兰，第二次世界大战全面爆发。纳粹德国侵占波兰的领土，波军死伤惨重，波兰境内的犹太人遭到了屠杀。

1943年德军战败，1944年苏联红军开到华沙近郊。波兰地下军试图在苏联红军到达前赶走德军，爆发了著名的华沙起义。起义失败，很多华沙人被送到了纳粹集中营，华沙被德军夷为平地。1945年，已成为废墟的华沙得到解放。

　　1947年，波兰走上了社会主义的发展道路，1952年改国名为波兰人民共和国，成为"华沙条约组织"对抗资本主义阵营的一部分。

　　1989年波兰进行全国大选，议会通过了宪法修正案，改国名为波兰共和国，史称波兰第三共和国。波兰开始了政治经济的改革，实行西方式的议会民主，走上市场经济发展道路。

　　如今的波兰是欧盟中经济发展最快的国家之一，在2008年的经济危机席卷欧洲的情况下，波兰没有受到太大的影响，经济发展依然强劲。

　　2015年之后，中波的友谊逐步加深，波兰成了"一带一路"上占据重要地理位置的国家。

　　每年从全世界各地前来波兰的人很多，有的人来波兰著名的肖邦音乐大学学习音乐，有的人则对这个国家的历史感兴趣，也有人喜欢这里美丽的生态环境……对于很多国人来说，波兰还是一个陌生、神奇的国度。大家都对这个美丽的国家产生好奇。这里的平和安详可以让人静下心来思考生活，寻找自己内心深处的声音，聆听波兰波罗的海动人的歌唱。

欧洲身份

　　波兰处于中东欧，历史上波兰的精英们一直认同自己的欧洲身份，在地理、文化行为上是欧洲文化不可或缺的一部分。从16世纪开始，波兰的学生名流经常到欧洲其他国家游历学习。著名的波兰钢琴诗人肖邦曾经在法国居住，创作了振奋人心的音乐；居里夫人和她的丈夫同样在法国从事研究工作。从文化层面来看，波兰的宗教观念、法律制度、学校形式、艺术流派无不具有西方的渊源。这样的欧洲人认同感，是波兰人引以为傲的认同感。

　　然而，在政治制度上，波兰与其他欧洲国家有所不同。16世纪，波兰立陶宛联邦时期，波兰建立了贵族民主制度，10%的贵族统治着波兰，国王也由贵族选举产生。到了17世纪下半叶，波兰过分地依靠贵族寡头的统治，导致

政治、经济运转迟钝，虽然《五三宪法》的制定缓解了当时的危局，然而这样的贵族寡头统治最终还是导致了波兰被瓜分的命运。

在动荡中，各国的文化也被带入到了波兰。比如波兰的红菜汤和乌克兰、俄罗斯的红菜汤非常相似；如果我们去奥地利，会发现奥匈帝国如同一个放大的波兰；在波兰北部的格但斯克，我们又会看到很多德国风格的红砖瓦房建筑……

波兰人和中国人在某些方面也非常相似，很多波兰人称自己为"欧洲的中国人"。

基督教

966年波兰皈依了天主教之后，天主教对波兰的政治、经济、文化的影响根深蒂固。波兰加入欧洲基督教的阵营，基督教也巩固了波兰在欧洲的地位，成为凝聚着波兰爱国精神的力量。

15世纪中叶，在拜占庭帝国被奥斯曼土耳其帝国灭亡之际，波兰作为基督教的堡垒，抵抗了来自东方的入侵。17世纪，瑞典入侵波兰，发动了北方战争，在波兰的基督教圣城琴斯托霍瓦，教会充当了抵抗瑞典入侵的中坚力量，于是在波兰流传着黑衣圣母的画像，传说圣母保佑了波兰的领土。

18世纪亡国之际，波兰教士在凝聚波兰的爱国力量上起了巨大的作用。第二次世界大战期间，很多波兰教士受难，却暗中抵抗来自纳粹的侵略。东欧剧变之后，波兰出现了政治经济转型。

POLAND

这里是波兰

Green Oil Painting

绿色渲染的油画

　　波兰的美，如同一幅印象派的油画一样，被绿色的油墨渲染着，茫茫的一片，尤其到了夏天，参观完波兰的人，闭着眼睛还会浮现眼前的一片新绿。

　　波兰的夏天是一个令人难忘的季节，驾车行驶在波兰的公路上，前方的天空一片蔚蓝，上面挂着几簇如面包一样的云团。公路两旁是一望无际的绿色，绿色的森林、草甸、庄稼地，在蓝天的映衬下格外明亮，如同大师笔下的一幅绿色油画。

波兰的森林覆盖面很广，常常会看到古木森森，以及被森林围绕的蓝宝石一样的湖泊。很多森林都是茂密的原始森林，还没有被开采过，显得无比幽静，恍若误入的仙池。

关于森林，有很多美丽的传说和美好的事物。位于波兰东北部与白俄罗斯交界处，比亚沃韦扎森林（Puszcza Białowieska）是欧洲大陆留存的最后一片低地森林。这里也是欧洲最大的哺乳动物——欧洲野牛的栖息地。

在最后一次冰河时期，欧洲平原曾经被广袤的森林覆盖，经过漫长的岁月，大部分原始森林已经消失，而比亚沃韦扎森林却保存了下来。曾经在欧洲大陆上漫游的欧洲野牛，在20世纪初期已因为人类的活动而濒临灭绝。比亚沃韦扎庞大的野牛保护基地重建了野牛的族群，成为它们最后的栖身之所。目前，一共有700多只欧洲野牛生活在这里。

　　这种野牛只吃森林中的一种草，叫作野牛草。波兰人把野牛草混入伏特加，形成独特的口味，很受波兰人喜欢。

　　不仅郊外有大量的原始森林，城市之内的绿化面积也很大。华沙被称为"绿色的华沙"，人们仿佛生活在地球的肺中。天苍苍，野茫茫，人和自然都能和谐相处。

　　每年到了夏季的时候，很多波兰人就到森林里进行各种活动。到了9月，人们开始采蘑菇，感受着森林的气息，体会融入自然的乐趣。

　　波兰人对动物的保护无微不至，不能随便打猎，也不能伤害各种鸟类。这样一来，"霸气"的鸽子和乌鸦们霸占了人类生存的城市空间，或挡在人们的道路上，即使车来了，也毫不让路。也许，这就是波兰的魅力吧！

充满着音乐灵魂的
国度

　　如果要用色、香、味来评价一个国度，我觉得波兰是带着音乐味道的国度。波兰人对音乐等美好事物极其喜爱，他们会把对音乐的爱融入到生活当中，让这个国家充满了音乐的灵魂。

　　波兰人对音乐的喜爱很大程度上是因为波兰著名的钢琴诗人肖邦。肖邦童年时生活在波兰中部小镇热拉佐瓦沃拉（位于波兰首都华沙附近），他出生的时候，波兰已被俄罗斯、普鲁士和奥匈帝国瓜分。

　　肖邦从小被视为音乐神童，6岁学琴，7岁便能作曲，8岁登台演出，从小表现出非凡的创作能力，被称为"莫扎特的继承人"。

　　由于政治原因，肖邦移居到了巴黎，开始拜师学艺。在巴黎，他创作了很多爱国乐曲，跻身法国上层艺术圈。然而不幸的是，他染上了肺结核。1848年，他在巴黎举办了最后一场音乐会，从此停止了演出。不久之后，肖邦便英年早逝，死前他留下了遗愿，要把自己的心脏带回波兰。现在肖邦的心脏安放在圣十字教堂内。

　　肖邦的音乐振奋人心，带着一种不安分与激动，同时又优雅、浪漫，如同一位诗人一样。波兰人非常喜欢聆听他创作的乐曲，不仅仅因为音乐本身，也因为肖邦炽热的爱国深情。

　　波兰人常常会举办音乐会，很多情况下是免费的。热爱聆听音乐的人，经常让音乐会座无虚席。在华沙的瓦津基公园，每到夏天的周日都会举办肖邦的音乐会，至今已经举办过60多届了。

　　肖邦的雕塑面前常常围聚着很多人，前来接受音乐的洗礼。音乐已经成了波兰人的符号。纳粹占领波兰的时候，波兰人甚至被禁止聆听音乐会，尤其是激发他们爱国热情的肖邦音乐。

　　走在华沙老城，会看到很多会唱歌的椅子，按下按钮，就会播放肖邦谱写的乐曲。走在波兰的大街小巷，你还会遇到很多街头艺术家演奏着音乐，整个城市都在音乐声中翩翩起舞。

　　因为对音乐的热爱，波兰成为很多音乐爱好者朝圣的国度。波兰人对音乐的喜爱融入到了骨子里，成为生活的一部分。因为音乐，他们可以更好地放松，感受生命的美好。像肖邦一样，他们身体里也跳动着对国家深深热爱的心脏。

世俗生活与
宗教信仰

　　波兰是一个著名的天主教国家，从波兰的历史、文化的各个角度都可以看到天主教的痕迹。

　　其实，在皈依天主教之前，波兰人相信自然界里的所有事物都由神主宰着，比如森林之神、太阳之神、河流之神。斯拉夫人的神和希腊、罗马神话中的神灵颇为相像。神和人一样拥有着七情六欲，有时候也会犯错。

　　公元963年，皮亚斯特家族的梅什科一世统一了波兰，此时波兰站在了基督教的门口。梅什科一世决定不仅要在政治上统一波兰，而且要在信仰上统一波兰。他迎娶了捷克大公波列斯拉夫一世的女儿杜布拉娃，受到妻子的影响，梅什科一世接受了来自捷克的神职人员的洗礼，从此波兰信仰了基督教，成为欧洲基督教文明的一员。

从公元966年皈依天主教起，波兰隶属罗马教廷，是梵蒂冈的一个教区。皈依天主教提高了波兰当时的地位。千年历史长河里，波兰的命运非常坎坷，不断遭到瓜分和入侵。在天主教信仰的凝聚下，波兰抗击了蒙古帝国、奥斯曼土耳其、瑞典、德国、奥匈帝国与俄国的入侵，各个城市都遗留下了抗击外敌的历史痕迹，比如抵抗蒙古帝国入侵的克拉科夫，抵抗奥斯曼土耳其的华沙，抗击瑞典的琴斯托霍瓦等等。

在和平年代，基督教不再像之前那样影响着波兰的政治，如今信仰天主教的年轻人数量在减少，但天主教依然影响着波兰人的生活。时不时会有大主教在一些关键问题上站出来发声，比如天主教会抨击波兰年轻人对万圣节的庆祝，政府制定反堕胎法案也参照了天主教的传统。

虽然波兰人信仰基督教，但波兰是一个政教分离的世俗国家。天主教成为波兰人的精神支柱和传统，却并非政治制度。

如今的波兰各大小城市里，可以看到不同建筑风格的教堂。到了礼拜天，很多波兰人还是会走进教堂，虔诚地祈祷。走在街上，到了角落处，往往也会看到十字架，路过的波兰人会虔诚地在胸前画一个十字。

波兰的主要节日里，宗教节日占据了大多数，剩下的是政治性节日比如五三宪法日（《五三宪法》是波兰第一部、世界上第二部比较完整的宪法），以及波兰独立日。

宗教节日分别是圣诞节、复活节、圣体节、圣母升天节、万圣节、主显节等。根据波兰的传统，到了最重要的节日——圣诞节的时候，整条街道都要张灯结彩，每家每户都会在平安夜里准备12道大餐。这个数字12，象征着耶稣的12位门徒，表达他们对宗教虔诚的信仰，以及对新年新气象的美好希望。同时，每家每户还会留一个空座，目的是接纳到访的客人或者流浪汉，免费给他们提供圣诞佳宴。

波兰复活节也是春天里的一个非常重要的节日。对于波兰人来说，这也是与家人团聚的日子。基督教认为复活节象征着重生与希望。为了迎接复活节，波兰人会准备复活节彩蛋，意味着新生命的诞生。同时，他们会在橱窗里摆满小兔子，因为极强的繁殖能力，兔子被视为新生命的创造者。当复活节来敲门的时候，丰盛的早餐会用来揭开复活节的庆祝帷幕，午宴则把复活节的活动推向了高潮。

Gentle Places

温柔的
斯拉夫人

波兰人属于西斯拉夫人，和其他斯拉夫民族有很多相像的地方，又有很多不同。

他们很热情，喜欢喝伏特加，嗨起来如同一团火焰一样热烈。到了夏天，一群波兰人喜欢坐在河边喝着啤酒，吃着烧烤，或慵懒地躺在沙滩上，传来阵阵笑声。波兰人嗨起来的时候，尽情地玩耍，他们会关掉手机，不再查看信箱，不再处理任何与度假无关的工作。

但波兰人有时候又是严肃的，他们有着北

欧人的淡漠，注重家庭和生活的整个过程。这样的严肃也与历史有关，历经了沧桑，波兰人表面上显得比较内敛。在公交车上，人们喜欢静悄悄地坐着，每个人都不侵犯他人的私人领域。然而，如果见到需要帮助的人，波兰人就会面带微笑。

波兰人和其他东欧国家的斯拉夫人不太一样的是，他们的性格很大程度上偏向西方。和波兰人交往的时候，会感到他们非常礼貌，同时他们逻辑性很强，更喜欢一切按规则办事，信奉法律的条例。

　　波兰人的文化教育水平普遍很高，因为波兰的大学教育是免费的，很多人都接受了高等的文化教育。在纸质书逐渐退出现代化商业革命浪潮的时候，走在波兰的小巷、公园凉亭，或者在公交车上，都会看到有波兰人捧着一本书阅读。

　　每到空余时间，波兰人经常去影院、剧院，或者去听音乐会。他们还喜欢去博物馆，对艺术、对鲜花的喜爱成了波兰人的显著特征。在波兰每家每户的阳台上都要摆放鲜花。

来到波兰，不用为没有秩序而烦恼。波兰人会排很长的队，上下公交车时也从来不推挤。他们在公共场合不会大声喧哗，彬彬有礼。游客会觉得波兰是一个很有风度的国家。

一个有意思的地方是，来波兰旅行的人，对波兰人的温柔都会留下深刻的印象。波兰人的温柔首先体现在他们的绅士精神上，处处体现着女士优先。他们不仅在公众交往中注重仪容举止，风姿优雅，留给人富有教养的印象，而且在家庭聚会中也常常西装革履，体现了波兰人的仪式感。

波兰人的温柔还体现在对每一个人的尊重上。比如公交车上，如果遇到残疾人，司机会主动从驾驶座下来，帮助残疾人下车。要是去银行办理手续，银行工作人员通常会以非常悠闲，却很认真的节奏帮你办理。柜台上常常放着一些糖果，让等待得焦躁的人心绪平静下来。

波兰人也格外注重餐桌的礼仪，吃饭的时候细嚼慢咽、轻声细语。你可以看到他们在饭店里一边享用美食，一边轻声说话，或者坐在咖啡厅里静静地看书，在阳光下的酒吧里晒着太阳，静默地享受着美丽的时光。

琥珀之路，
古老的传说

　　波兰靠近波罗的海，拥有很多关于海的美丽传说。波罗的海是海水盐度最低的海，水呈绿色，和地中海的宝石蓝相比，如同仙女打破的魔药水，清澈，剔透，带着一位纯朴自然的姑娘的气息。

　　历史上，在波罗的海这个地方曾经覆盖着一片茂密的原始森林，古老的森林一片生机盎然，树木产生的丰厚树脂形成了琥珀，散发着淡淡的香味。沧海桑田，森林变成了海洋，距今4500—9900万年前的松柏科植物的树脂滴落，埋藏于地下或到了海底。经过近万年的岁月变迁，在地壳不断的运动下，树脂石化形成了"松脂化石"。随着岁月的流逝，层层的海浪又把海底的沉积物和沙石都冲击到了岸边，"松脂化石"随之浮出了海面，被波罗的海附近的渔民发现，取名琥珀。"amber"一词，阿拉伯语的意思就是"海上漂浮物"。

　　琥珀被认为是一种神奇的、拥有灵性的物件，也是上帝赐给波兰人的礼物。来到波兰的人，必定要买波兰的琥珀。除了作为重要的装饰品外，琥珀也具有药用价值。

　　琥珀色泽美丽，充满着灵气，戴在身上对人们的健康有好处。同时，琥珀清澈透明，佩戴琥珀装饰品给人一种低调奢华的美感。在北欧的民间传说中，琥珀是人鱼相恋王子而流下的眼泪，把琥珀拿到手里，可以折射出一个人晶莹澄澈的内心，仿佛人鱼公主的眼睛。

谈到琥珀，一定会提到著名的琥珀之路。在公元前后的很长一段时间，琥珀作为装饰品中的重要组成部分，被从北海和波罗的海岸边的产地，经由维斯瓦河和第聂伯河，运输到意大利、希腊、黑海和埃及等地。琥珀之路连接了琥珀的产地和在欧洲、中东地区的消费地，并经由另一条通商道路——丝绸之路继续运往亚洲。琥珀之路是欧洲人特别骄傲的商贸之路。

随着岁月的流逝，战争的不断，政局的改变，琥珀之路的路线发生了多次变化。而所有的路线中，河流一直是最理想的选择，有很多驿站为商人提供贸易和安全过夜的场所。

波兰的琥珀主要是海珀。琥珀博物馆展出各种琥珀的工艺品、艺术品、生活用品，有乐器、棋盘、美丽富贵的琥珀树，以及各种小雕饰等等，匠心独运，非常精美。在波兰等波罗的海沿岸国家，基督教的信徒们认为琥珀是耶稣基督赐予他们的宝物。波兰北部城市格但斯克的琥珀博物馆内，可以看到琥珀制作的圣杯等器物。

很多波兰人认为琥珀是大自然赐予的最珍贵礼物。一道道飘着麦香的河流，记录着历史中辉煌的贸易和一去不复返的岁月，只有琥珀的色泽才是永恒的。

Teutonic Knights

条顿骑士团来过的地方

走到波兰北部,可发现到处是骑士团的遗迹。骑士团的总部马尔堡,托伦的罪己楼,奥尔什丁抵抗骑士团的城堡……

历史上,13世纪的时候波兰遭受了骑士团的入侵,直到14世纪,波兰立陶宛联邦才把骑士团赶出波兰。战胜条顿骑士团的一场著名战役,便是格伦瓦尔德战役。

条顿骑士团在欧洲历史上一直充满了传奇色彩。他们骁勇善战,所向披靡,影响了欧洲的历史进程。骑士团出现在中世纪"十字军东征"时期，听命于教皇，成立之初的目的是巩固对"十字军东征"国家的统治，使其免受伊斯兰国家的威胁。当时的三大骑士团是圣殿骑士团、医院骑士团和条顿骑士团。条顿骑士团最后成立，是最强大的骑士团。

条顿骑士团于1198年在巴勒斯坦建立，主要由德意志骑士组成，他们穿着白色的外衣，佩戴黑色的十字勋章。历史的发展为条顿骑士团的壮大提供了机遇。当时波兰处于4个公国割据的状态，康拉德公爵邀请条顿骑士团帮忙征服普鲁士人，并许诺将赫翁诺地区作为条顿骑士团的封地。

从1226年起，骑士团开始了征服普鲁士的军事行动，逐步扩大其领土。1309年，他们将总部迁到了马尔堡，成为一个独立、强大的骑士团国家，逐步蚕食波兰的领土，引起了波兰国内的震动。

为了抵抗骑士团的侵略，波兰和立陶宛组成了波兰立陶宛联邦，形成了雅盖隆王朝。波兰立陶宛联邦与条顿骑

士团于1409—1411年发生了战争，在格伦瓦尔德战役中征服了条顿骑士团。这是欧洲历史上中世纪最大的骑士团战役，以骑士团战败而告终。从此，骑士团走向了衰亡，一蹶不振。而波兰立陶宛联邦进入了黄金时期，成为欧洲强国。

时间来到了16世纪，路德的宗教改革让条顿骑士团再一次走向了分水岭。1511年，霍亨索伦家族年仅21岁的阿尔布雷希特被选为条顿骑士团第37任大团长，也是骑士团作为军事修会的最后一任大团长。他结识了马丁·路德，路德劝说他放弃大团长的职务，将骑士团世俗化，改为普鲁士公国，并改信路德新教。条顿骑士团作为一个军事修会的历史走到了终点。

19世纪拿破仑入侵德意志之后，宣布解散作为军事组织的条顿骑士团，此时条顿骑士团只在奥地利有容身之处，后来奥地利皇帝重建骑士团，让它成为宗教慈善机构。

1929年，条顿骑士团成为一个纯宗教性的骑士团，名称也变为"德意志骑士团"。如今德意志骑士团一共有大约1000名成员，主要从事慈善事业，包括照料病人和老人。

历史上攻无不克、战无不胜的军事组织，经过几个世纪的沉浮，逐渐淡出了历史的舞台。如果你要寻觅他们往日的踪迹，不妨到波兰北部来。与骑士团之间的历史往事，同样是波兰人精神的一个体现。

凤凰涅槃，
历史沧桑

　　"闪电战"、纳粹德国入侵、纳粹集中营……对波兰的了解，很多人都是通过人类史上的大灾难——第二次世界大战，波兰的形象跟苦难似乎一直脱不了关系。

　　波兰的历史与它特有的地理位置密切相关。它位于欧洲中心，是兵家必争之地。左边是德国，右边是俄罗斯。这样的地理位置下，如果强盛，则可以成为非常繁盛的国家；如果柔弱，则会被左右两大强国夹击。

　　波兰在1918年独立之后，第二次世界大战当中再次被入侵。这一次世界大战，对于波兰来说有两个敌人，一个是纳粹德国，一个是与德国签订《苏德互不侵犯条约》的苏联。

　　当时波兰有很多犹太人。犹太人最早在9世纪的时候来到了波兰，他们把波兰称作"Polane"，意思是一个平原的国家。10世纪的时候，犹太人易卜拉欣·伊本·雅克布（Ibrahim ibn Yakub）曾写下一段描述波兰的话："这里有充足的食物，肉类、蜂蜜，以及适宜耕作的土地……"当时的皮亚斯特王朝是斯拉夫国家中的大国。

　　波兰的公爵、贵族倾向于对犹太人的保护。波兰犹太人充当了中间人，成为这些大公和贵族的信贷代理人，他们为大公征收土地税，用基督教会允许的利率从事放贷的活动。一些大公和贵族利用犹太人大大获益。

　　波兰犹太人日益增多，到了18世纪，波兰成为很多民族交融的福地。各个民族的人兴建工厂，兴办学校，18世纪的波兰成为一个多民族融合的国度。然而二战开始之后，纳粹仇恨犹太人，对掌握经济命脉的犹太人进行屠杀。

　　二战后期，波兰人于1944年发动了华沙起义，号召抵抗在华沙的德国人，结果失败。德国人离开华沙时，将它夷为平地，85%的地方都被炸毁。

　　如今的波兰是战后重建的波兰，如同凤凰涅槃、浴火重生一样。现代波兰除了2010年，波兰总统以及随行的90多名成员出访外国，却集体死于空难之外，没有再遭遇任何战争的创伤。

波兰在稳步发展着，创造了欧洲的经济奇迹，但是波兰人从来没有忘记他们的历史。在每个街角处我们都会发现一块牌子，或者一尊雕像，悼念着民族英雄。每到过节的时候，这些地方都摆满了鲜花。

走在波兰的大街上，或者漫步在波兰的公园里，会有一种平和、静好的感觉，然而由于波兰沧桑的历史印记留在了建筑当中，时不时地会让人感到一阵忧伤。尤其到了冬天，一切都是淡淡的，很悲情。也许波兰从二战之后的冬天就是这个样子的吧。

波兰
没有灭亡

波兰没有灭亡

只要我们一息尚存

波兰就不会灭亡

举起战刀，收回失地

前进，前进，冬布罗夫斯基……

从意大利到波兰

在您的领导下

我们将亲如一家

我们跨越维斯瓦河

渡过瓦尔塔河

成为真正的波兰人

拿破仑已经告诉我们

如何去取得胜利

前进，前进，冬布罗夫斯基……

就像恰尔涅茨基到波兹南

结束瑞典人的占领

为了保卫我们的祖国

我们将渡海归来

前进，前进，冬布罗夫斯基……

……

18世纪，波兰的领土遭到俄罗斯、普鲁士、奥地利三次瓜分，国家在历史上消失了100多年。波兰著名爱国将领亨利·冬布罗夫斯基在意大利组织志愿兵团，回国解放波兰。一位指挥员维比茨基写下了《波兰没有灭亡》，用肖邦的《马祖尔卡》舞曲当主旋律，成为意大利波兰军团的战歌。

这首歌诞生之后立刻引起波兰人的强烈共

鸣，先是流行于波兰士兵之中，很快又在波兰全境迅速传播。1926年，这首感染力强大的歌被正式定为波兰国歌。

这首国歌提及了波兰历史上的几次战役。除了波兰三次被瓜分之外，还有波兰和瑞典的战争、波兰和沙俄之间的战争，以及在拿破仑的帮助之下恢复了华沙公国等的历史。这些沉重的历史记忆，既是国家的创伤，也是波兰人前进的动力。

现代的波兰是一个经济快速发展的国家，战争的阴霾似乎已经从波兰的上空消去。波兰一跃成为欧盟中最具发展潜力的国家之一，人们也开始享受着平和的生活。然而对于波兰人来说，惨痛的历史不应该随风而去，他们时时刻刻铭记着过往，无论对政治家，还是对普通的人民来说。

对于波兰的两个邻居德国和俄罗斯，波兰人依然拥有

极强烈的不安全感。波兰和德国的过节似乎在历史的尘埃中淡去，1970年12月7日，刚刚对捷克、波兰进行访问后，当时的联邦德国总理维利·勃兰特冒着凛冽的寒风来到华沙犹太隔离区起义纪念碑前跪了下来，向战争的受难者谢罪。这一跪带来了波德友谊的春天。

然而波兰和俄罗斯的关系却是另一番情形。2010年，波兰总统莱赫·卡钦斯基前往俄罗斯的斯摩棱斯克悼念"卡廷惨案"中丧生的波兰人，没想到飞机却在机场附近坠毁，包括总统在内的90多人集体身亡。这场悲剧无疑让波俄关系雪上加霜。

现在的波兰人是爱国的，也是骄傲的，拥有强烈的民族自豪感。每一位波兰人都会在节日纪念波兰的英雄们，每当提起历史上的重要人物，他们的脸上都洋溢着微笑。

波兰依然处于欧洲的心脏位置，这里的人努力发展着自己的国家，在历史的浮尘中高唱着他们的国歌，用行动告诉世人："波兰不会灭亡。"

POLAND

波兰旅行top15

华沙美人鱼，城市的守护神

　　漫步在华沙的大街小巷，可感受华沙四季的变化。华沙的冬天是灰色的，漫天的雪花把人们带回了那个充满历史感的年代。到了春天，在漫长的冬季之后看到破土而出的绿色，会产生由衷的欣喜，走在华沙大街上是引人情思的湿漉漉的感觉。华沙的夏天，天朗气清，阳光明媚，满城的绿色，上面是碧蓝的天空。秋天，华沙被镀上了彩色，街道两旁的树木颜色开始渐变，金色、黄色、红色，温柔而又多情。

　　华沙非常性感，每一处角落都写满了故事。今日的华沙不仅仅是政治中心，还是拥有全国最大的高等学府的教育中心和文化中心，散发独特的魅力，如同被浮沙淡淡地遮住的珍珠。耐下性子来，轻轻地揩去战争留下来的尘土，才可以咀嚼到华沙的美丽。

　　华沙的波兰语是Warsawa,这是一个阴性的名词。华沙是女性化的，尤其到了下雨天，整座城市笼上一层轻轻的薄雾，如同历史电影胶片一样，又仿佛是美人鱼的眼泪。

　　华沙的市徽就是一位右手执剑、左手执盾的美人鱼，她的头向上仰起，骄傲地注视着前方，温柔、高贵而又坚强。最早的华沙市徽在15世纪的时候就是一位拥有着女子的身体、蛇的尾巴的美人鱼，一直到了17世纪，华沙的市徽成了现在手拿坚盾的美人鱼样子。这与华沙建城的传说有关。相传一个叫作华斯（Wars）的青年渔夫和女青年沙瓦在维斯瓦河附近相恋，在美人鱼的见证和庇护下开拓了自己的家园，美人鱼因此成为华沙的守护神。

波兰被瓜分的时候，虽然美人鱼不能出现在官方市徽上，但在市民家中、城市的墙壁上依然有美人鱼的图像。美人鱼是华沙人的骄傲。在华沙老城的广场上就有一座美人鱼俏丽的雕塑，远远望去灵动活泼、娇巧可人，她扬着头，热切地注视着这座城市，充满了活力。

维斯瓦河流经华沙，天气暖和的时候，很多波兰人会到河边，一边看着眼前潺潺流淌、飘着麦香的河水，一边吃着烧烤，喝着啤酒。

维斯瓦河向前湍急地流着，那么清澈、跳跃，写满了生命的故事，记录了城市的历史。除

了老城广场，在维斯瓦河畔，你也能看到一尊立在国家体育场对面的美人鱼雕像。这些"美人鱼"以美丽的姿态和丰富的历史记忆，给华沙注入了感性的灵魂，引起人们的无限遐想。

维斯瓦河旁的老城，
浴火重生的性感

　　由于华沙几经战争摧残，华沙起义之后又成了一片废墟，现在的老城并不是真正意义上的老城，而是二战之后波兰政府根据战前的模样重新建起来的，保留了老城的人文价值，也保留了华沙的精神，联合国教科文组织破格把华沙整个老城列为"世界文化遗产"。这样的老城，以其独特的魅力把华沙的历史保留了下来。

　　关于华沙老城的修建传说有很多。据说华沙大学建筑系的教授在二战期间把华沙的模样画在了图纸之上，最后存放到了山洞里，修建老城的时候部分是根据二战期间保存的图纸复建的，部分是根据战前的古画，使华沙恢复了战前模样。

夏日的时候，到了周末，通向华沙老城的公交改道了，华沙老城就和其他城市的老城一样成了一条步行街，波兰人悠闲地在老城里散步，非常热闹。华沙的老城有各种各样的波兰特色饭店、咖啡馆、街头杂耍的艺人、每天在老城中漫步的游客络绎不绝。

老城的王宫屹立在维斯瓦河畔，老城中的教堂是各种节日庆典游行的起始之处，在残垣断壁上恢复的老城墙记录着华沙曾经的沧桑。

老城中还有纪念华沙起义的童子军雕塑、卡廷惨案的纪念碑等等。在华沙可以看到很多这样的历史纪念碑，这个地方曾经发生了相关的历史事件，曾经有华沙的名人在此居住。每逢节日，纪念碑下都摆放着花圈和灯烛，表达波兰人对历史的怀念。

在华沙老城的广场上有一尊齐格蒙特三世纪念柱，是意大利设计师君士坦丁·坦塞拉（Constantino Tencalla）和雕塑家克莱门特·莫利（Clemente Molli）模仿了罗马圣母大殿前的意大利圆柱以及罗马的佛卡斯圆柱建造的，纪念齐格蒙特三世将波兰首都从克拉科夫迁往华沙。

绿顶红墙的华沙王宫城堡就是齐格蒙特迁都华沙之后的王宫，最早在13世纪末期建造，当时作为马佐夫舍的官邸。当然这座古堡在战争中已经被摧毁，现在我们所看到的哥特式古堡也是根据战前的模样复建的。

　　华沙古城的美人鱼广场周围有很多复建的居民住宅，标准的波兰高窄型建筑风格，外面涂上了彩色，墙壁上有着各种花纹和壁画，现在这些住宅被用作华沙博物馆，展示着华沙从13世纪一直到战后重建、政治体制改革的历史，同时展示华沙市民生活物品。

　　整个华沙充满了沧桑感，洗去了浮躁，在这里学习生活的人受到了时光的洗礼，耐下性子，可感受到华沙岁月积淀之后性感的美。

去瓦津基公园，
听一场肖邦音乐

　　华沙有很多公园，最著名的公园要属瓦津基公园了。沿着老城的新世界大街一直走下去，就可以到达瓦津基公园，这条连接着老城和瓦津基公园的大道也被称为皇家大道。5月开始，每到周末这里都有露天的肖邦音乐会，可坐在公园入口处音乐大师肖邦的雕像下，感受音乐的洗礼。

　　瓦津基公园的肖邦雕像是1909年由波兰著名的雕塑家瓦茨拉夫・席曼诺夫斯基（Waclaw Szymanowski）为纪念肖邦诞生100周年雕刻的，造型别致。肖邦坐在一棵柳树上，上身微微右倾，树干向左展开，一斜一展。肖邦塑像的头发随风飘舞，眼神之中流露出淡淡的忧思，仿佛醉心于音乐之中，又仿佛思考着自然。二战期间这尊雕塑被纳粹德国炸毁，20世纪50年代人们对肖邦的雕塑进行重修，现在它成为华沙这座城市重要的象征。

每年举办的肖邦音乐会是波兰民族精神的象征，成了一种传统，成了波兰人的骄傲。波兰人对肖邦和肖邦音乐的酷爱渗透到日常生活中，肖邦是波兰的文化符号之一，在波兰的新世界大街就有很多会唱歌的座椅，上面刻有肖邦的生平，也有按钮可以播放肖邦的音乐，很多波兰人都会在闲暇的时候去听这些音乐。

瓦津基公园是波兰最美丽的公园之一，具有英国园林的风格，原是波兰末代国王斯·奥·波尼亚托夫斯基（1766—1795）的别墅，一年四季的景色非常优美，吸引着来自世界各地的游客。园内宫殿、阁楼、池沼、湖泊、草地错落，还有玫瑰园、柑橘园，绿树成荫，芳菲夹道，水波粼粼。

　　最负盛名的是水上宫殿瓦津基宫，原是王宫官员的住处，现为国宾馆之一，殿中存放着200幅画、60件艺术品、17台钟表和80座雕像。东北方向坐落着梅希莱维茨基宫，这座宫殿保存完好，未受战争破坏。

　　瓦津基公园有一条中国大道，公园里还有很多动物。漫步在园里，会看到可爱的松鼠探头探脑地立在行人面前，期待着游客喂它们食物；草坪上会有骄傲、自信的孔雀开屏，炫耀着自己的美丽；池塘里可以见到戏水的鸳鸯，湖泊中有自由游泳的野鸭子。

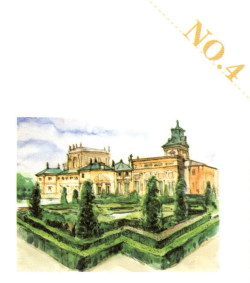

维拉努夫宫，
第一个公共博物馆

　　维拉努夫宫位于华沙的南郊，曾是波兰国王约翰三世、奥古斯特二世和波兰最有权势的贵族所居住的夏宫。这座17世纪末的建筑物里繁花似锦，格外美丽，颇有法国"太阳王"路易十四宫殿的气势，因而有"波兰凡尔赛宫"之称。

　　这座宫殿和园林结合了法国、意大利以及波兰庄园的风格，呈现富丽堂皇的巴洛克结构，宫殿周围是42公顷的大花园，园中有英式花园、玫瑰园、橘园、中国花园，还有天然的湖泊。

潺潺的溪水，美丽的藤蔓，一片湖光树影。天气暖和的时候，很多游客坐在公园的座椅上，一边欣赏着美景，一边晒着太阳，和整个园林融在了一起。还有很多游客在湖中划船、嬉戏，美不胜收。

这座宫殿是约翰三世所建的离宫，是他送给法国妻子玛丽辛卡的礼物。约翰三世是波兰立陶宛联邦最著名的国君之一，被土耳其人称为"波兰之狮"。他在位的20年是联邦最稳定的时期。约翰三世以优良的军事指挥家著称，在维也纳战役的时候，他战胜了意图侵略欧洲的奥斯曼土耳其帝国，成了民族英雄。

维拉努夫宫保管着珍贵的文物，有非常漂亮的房间和展厅，在主楼那里展示着白厅、国王的书房、国王的寝宫、宴会厅、王后的卧室、画室、伊特鲁里亚内阁、博物馆等等，内部装饰豪华富贵，由不同时期的波兰贵族修建，其中还有中国风格、印度风格的屋子，体现了当时贵族对异域文化的追求和好奇。

白厅是J.Z.戴贝尔（J.z.Deybl）于1730—1733年为奥古斯特二世修建的，也是最豪华的屋子，墙壁上装满了

面朝窗户的镜子。奥古斯特二世是一位热爱美人、喜欢艺术，在政治上并没有太大建树的国王，他发明了欧洲的瓷器，施行重商主义。

1799—1821年，这座宫殿及花园属于波兰政治家、考古学家和将军波托兹基（Stanislaw Szczesny Potock）和他的家族，他们扩大了公园的范围，增建了罗马式的博物馆和展示馆，也是波兰第一个公共博物馆，展示着欧洲各地的艺术珍品以及约翰三世国王的丰功伟绩。

二战期间，维拉努夫宫被德军占领，大量藏品被掠夺，不过战后得以重建，这些藏品大多数回到了波兰。

到了冬天，维拉努夫宫会举办彩灯节，花园被彩灯装饰，到了晚上星光闪闪，火树银花随着悠扬的音乐舞动着，如同彩灯的海洋。

波兰的其他博物馆诸如肖邦博物馆、军事博物馆、国家博物馆、哥白尼科学文化宫等都特别值得去参观，感受知识的洗礼，而获得知识的途径又是如此愉悦。

POLAND

肯琴狼穴，
战争狂人的老巢

　　波兰有很多茂密的原始森林，自然风景秀美纯净，天然没有太多的修饰。若是到了夏天，开车行走在公路上，会被两旁层次别致的红杉森林、一望无际的草场与田野、澄澈湛蓝的天空深深地吸引，这是一幅欧洲秀美的风景画。

　　波兰肯琴有一座著名的历史景点，游客可以到这里探索森林里希特勒的狼穴。

　　狼穴位于肯琴的大森林里，第二次世界大战时，希特勒设立狼穴为纳粹德国在欧洲的大本营，也是纳粹德国众多的元首总部之一，是一个防空堡垒。

"狼"是希特勒从事地下工作的化名，在1923年的啤酒馆暴动之前，希特勒也用"狼"作为化名。在掌权的20世纪20年代，希特勒曾经在德国某城出席一个重要的会议，随行人员想找到酒店，可是屡次碰壁，于是希特勒化名为"狼人"，这个名字便流传了下来。

大战期间，希特勒的元首总部遍布整个欧洲，算上战争结束时还未建成的，约有20多个，西到巴黎西南的旺多姆，东至斯摩棱斯克的第聂伯河上游，北到现今俄罗斯和爱沙尼亚交界处的普斯科夫，南到乌克兰，都有希特勒的元首总部。在纳粹众多的元首总部之中，"狼穴"是最大的一个。

1940年，希特勒在肯琴的这片原始森林里设立"狼穴"，是为了1941年的"巴巴罗萨计划"，德国准备撕毁《苏德互不侵犯条约》，开始进攻苏联。

在这片人迹罕至的原始森林里，希特勒修筑了一系列地堡暗礁以及相应的生活服务区，一切都被森林严密遮盖起来。将近4年的苏德战争中，希特勒大概有3/4的时间在这里度过。

如今的狼穴已然是旅游景点，供旅客们一探这段历史留下的证据。行走在路上，你会感觉到一种非常不真实的惬意，尤其是天气十分晴朗、美好的时刻，路旁树木田野葱郁，颜色鲜亮明快，光与影的对比极好，如同上帝打翻了的调色盘，是一幅美丽的欧洲田园油画。

进入森林狼穴废墟遗址，可以看到一家由希特勒曾经的住所改装之后的旅店，入口处还有关于狼穴内部构造的地图和狼穴从建造到最后被纳粹德国炸毁的历史介绍。

狼穴大概有三片安全区域，最核心的区域居住着希特勒、戈林、希特勒的秘书马丁·鲍曼、国防军最高统帅部作战部部长约德尔上将。这里有30多处堡垒建筑，其中有希特勒的办公室、指挥中心，其他指挥官的办公室、会议室，以及雷达、通讯楼、电影院、炸药库、训练场……

当时这里居住着2000多名纳粹分子，设备非常完善，如今眼前却是长满青苔、向内塌陷的残垣断壁，因为这里在纳粹德军撤退时已经被全部炸毁。如今这些废墟成了森林中很多动物的寄生场所，角落里散发着发霉的味道。

即使是废墟，也可以看出这些残垣断壁的厚实与沉重，可以想到当时这些堡垒如何密不透风，如何结实，阳光很难射进来，到处都是黑暗，如同希特勒的纳粹军队那样，给人带来杀戮与死亡

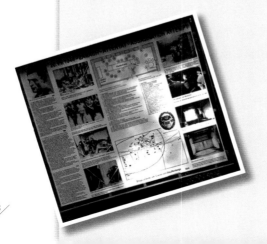

的感觉，这里是疯子和战争狂曾经避世的场所。

这些堡垒当时的伪装特别好，即使在高空用飞机侦察，都无法发现这么大的狼穴的影踪。希特勒非常重视这里，视之为第三大元首指挥中心，他在这里指挥着最惨烈的苏德战争。狼穴里发生过刺杀希特勒的"7月事件"，只是没有成功。

直到1955年，这里埋着的约1万枚地雷才被全部清除，1992年，人们建了一块石碑，碑文用波兰语和德语写着："反对希特勒暴政的人付出了生命的代价。"如同结绳记事般，表达着后人对此的纪念。

为了防止迷路，游客按照树木上的白色指示标志，战战兢兢地走在这片原始森林里。指示牌上写着对蝙蝠、野猪和其他动物的警示，每走一步，无尽的凄凉之感都会涌上心头。

如今这个地方只是一片美丽茂盛的森林掩盖着历史的废墟，这些曾经的残垣已经被大自然抚摸过，布满了青苔，战争狂人的巢穴在某段历史之河中真切地存在过，而在自然时间的伟大造化下，我们面前的一切变得平和而安静。

弗伦堡，
跟着哥白尼探寻未知

　　弗伦堡位于波兰北部维斯图拉潟湖南岸港口，面向波罗的海，属于瓦尔米亚－马祖里省，靠近波俄边境，湖的对岸就是俄罗斯的飞地加里宁格勒。这个地方被称为瓦尔米亚－马祖里省的宝石，无论是自然环境还是历史文化古迹，都非常独特。

　　弗伦堡在波兰历史上具有重要的位置，13世纪的时候，它成为一个重要的军事据点，先后被条顿骑士团、普鲁士和波兰统治着。

天文学家尼古拉·哥白尼在这里工作、生活、做科学研究。他一边从事教士的工作，一边在弗伦堡教堂的天文塔上设立了小型天文台，做起科学实验，用科学验算发现了创世纪的谎言，完成了科学著作《天体运行论》，从而改变了人们对神学和宗教的迷信，接着激发了欧洲一系列的启蒙运动和科学革命，人类的整个历史发生了重大的改变，如同尼采等对现代社会的评价：上帝已死！

从华沙出发，一路向北走着，两旁的森林逐渐繁茂、房屋逐渐稀疏，树叶只是镀上了淡淡的黄色，每走几步就会遇到一汪平静的湖水。"周围古木森森"用来形容弗伦堡的环境，实在非常恰当。

抵达弗伦堡的时候，会首先看到立在眼前的哥白尼纪念碑，后面是一座红色砖瓦砌成的大主教教堂样式的城堡，立于一座小山丘上，在微雨的天气下，一切古森而幽丽。

大主教城堡周围环绕着一圈沟渠很深但已经干枯的护城河，通过架在护城河上的小木桥走入城堡大门，就可进入这座弗伦堡大教堂和哥白尼博物馆。

弗伦堡大教堂是一座典型的哥特式砖型建筑，外面是玉米尖一样的教堂屋顶，内部有独特的拱顶、彩色的琉璃窗户，布满了灰尘、讲述着《圣经》故事的雕塑和画像，还有一旁供信徒祈祷的烛台……

在教堂地下有一些著名的波兰主教、政治家、科学家等的墓穴，教堂内部也设有他们的墓碑，简单刻录他们的生平，其中就有哥白尼。

就像华沙的圣十字教堂内存放着肖邦的心脏一样，人们大概是想用这样的方式延续历史，延续这些名人的生命。

哥白尼是波兰的名片之一，也是波兰重要的历史人物，在波兰的很多城市都立有他的雕塑和画像。他出生于托伦的商人之家，之后到意大利求学，由舅父推荐到弗伦堡大教堂任职，作为教士定居此处达30年之久，因此有很多闲暇时间投入到天文研究中。

哥白尼在弗伦堡教堂设立了天文观测台和工作室，里面有各种测量仪器。在塔顶上，他每晚仰望着星空，严密地计算出了天体运行的奥秘，产生了对教会一直宣扬的"地心说"的怀疑，后来发现了天体运行的规律。

条顿骑士团入侵弗伦堡，哥白尼在撤出时把毕生的心血之作《天体运行论》交付给他的学生，之后便去世了。

在哥白尼博物馆展列着哥白尼当时做天文实验的仪器，包括量角器、圆规和自制的望远镜。

博物馆里还陈列当时出版的各种著作，以及宇宙天体运行和关于银河系的各种模型，游客可以感受到夜晚多彩而遥远、充满无限奥秘的星空对哥白尼有多么大的吸引力。

站在天文塔的塔顶，可以眺望远处。俯视眼前的弗伦堡，眼前一片开阔，会情不自禁地感叹这里的风景。塔楼北边有一片汪洋大湖，这是维斯图拉潟湖，对岸则是俄罗斯的加里宁格勒飞地，湖面与天空融合成一条水平线，而整个小镇的红色砖瓦被古树环绕着，若隐若现，显得平静、美丽而朴素。此时湖面吹来的风，让人感到无比的兴奋。

哥白尼同时还精通医药学，拿到了帕多瓦大学的医学学位，获得实施医学救治的证书，曾经成为教堂大主教的私人医生。弗伦堡41号是医药学博物馆，里面陈列着当时各种手术研究和医学药理资料。

参观完哥白尼博物馆和塔楼，可以走到港口边，眺望美丽的维斯图拉潟湖。港口停泊着搁浅的游轮和渔船，遥望着对面的加里宁格勒飞地，灰色的水与灰色的天空同色，可以燃起所有旅客对未知、对神秘的自然的渴望与敬畏。

中世纪弗伦堡的居民大多数是渔民、商人和农民。现在的弗伦堡也是一座渔村，游客可以品尝渔民从湖里打捞出来的鲜美鱼肉。如果在夏季，湖边会来很多人。

韦巴，
大自然的美丽造化

　　在波兰西北部西滨海省（西波美拉尼亚省）有一座美丽的小镇——韦巴，位于波罗的海岸边。这是一座拥有海水、森林和沙丘等自然奇观的度假小镇。到了夏季，来韦巴的游客络绎不绝，在海边的金色沙滩上，满满都是嬉水的游客。

　　历史上关于韦巴最早定居的记载是在13世纪，当时的韦巴村在距离现在的韦巴以西2000米左右处。条顿骑士团时期，韦巴获得了城市的权利。一直以来韦巴都是作为捕鱼点和木材市场，历史上韦巴多次被洪水移动的沙丘侵袭。1558年韦巴被重新修建，迁移到一个比较安全的位置。波兰第一次被瓜分的时候，韦巴被并入普鲁士，成了普鲁士的一处度假休闲的胜地。

二战期间，纳粹德国在韦巴设立了导弹试验基地。二战之后，该地被苏联红军占领，根据《波茨坦公告》，该地成为波兰的领土。

韦巴是一座非常明亮、安静的小镇，到了旅游季节，来韦巴的游客很多。韦巴市中心有很多餐馆、酒吧、咖啡厅等休闲娱乐的场所，小镇显得非常热闹但并不喧嚣。

走在韦巴干净的街道上，可以听到韦巴河流水潺潺，船只在码头安静地停泊着，等待着出海。韦巴周围环绕着树林，在树林里散步，可以听到不远处的涛声。

韦巴有一处著名的旅游景点，斯诺文斯基（Slowinski）国家公园，该公园被联合国教科文组织认定为生物圈保护区，之前是波罗的海的海湾。海水的运动创造了移动的沙丘等自然奇观，在斯诺文斯基国家公园里，可以看到海水、森林和沙丘等多种自然景观。水域的面积占公园面积的55%，园里有大片面积的森林，其中松树是主要的树木，大约占整个森林的80%。森林里居住着多达257个种类的候鸟，它们在这里安全地生活着。

移动的沙丘是公园里一处非常著名的景观，也是欧洲最大的移动沙丘，风导致了沙丘每年以几米的速度向前移动，在秋天和冬天由于波罗的海的海上风暴，风吹沙子的速度有时高达每秒5米。沙丘会覆盖周围的森林和村庄，在沙丘上的植被和动物很少，如果游客幸运的话，会看到来往的鹿出现在移动的沙丘上。

公园一年四季都开门。到了夏季，从9点开始，摆渡车开始营业，会把游客从公园的入口处摆渡到移动的沙丘。这是一场非常独特，令人难忘的旅行，摆渡车要用30分钟左右的时间，穿过茂密的森林。

穿行在森林里的小道上，抬头可看到阳光从树木的缝隙处倾泻下来，树影婆娑，闪着斑斑点点的绿光。尤其是松树林的红色树干，在阳光下如同健壮的、裸露的肌肤，十分挺拔。

　　摆渡车开到移动的沙丘脚下，一边是一座巨大的山峰形状的沙丘，一边是茂密的森林。沿着沙子走一小截路，就到了沙丘脚下，游客需要像登山一样爬到沙丘的顶端。

　　到了沙丘顶部，眼前豁然开朗，只见茫茫一片沙海，耳边可以清晰地听到不远处波罗的海的涛声。沙丘上堆积着更大的沙丘，几座沙丘此起彼伏，如同山峰"峰峦叠嶂"，时不时也有小沙丘隆起，如同沙地上的小土堆。

　　沙丘上长着一些耐寒的植物，它们的根可以帮助固定沙子。看着眼前空旷的沙海，心中不由得产生一种敬畏的感情，感叹大自然的强大。在沙丘上行走，沙子很松软，每一个脚印都要陷下去，每走几步，回头一看会发现沙子上留下歪歪斜斜的一串串脚印，然而一阵风吹来，脚印又会盖上一层薄薄的细沙。

　　顺着涛声，沿着沙丘行走，便来到了波罗的海的岸

边。波罗的海的浪花击打着海岸，有着不可忤逆的巨大摧毁力量。天空与海水连成一片，云层姿态万千，或卷或舒，游客们或在岸边行走，或眺望着大海，或躺在沙滩上。面对着大海，每个人会产生不同的情感。海水似乎有疗伤作用，可以平复各种复杂的心情。也有很多游客是徒步或者骑着自行车来游览斯诺文斯基国家公园的，这里是户外运动的天堂。

在韦巴的餐馆里可以吃到当地特色的鱼，鱼肉非常鲜美，调味新鲜。很多波兰人都认为韦巴是波兰数一数二的著名景点，到了夏季，这里成了很受欢迎的消暑胜地，吸引着来自世界各地的游客。

POLAND

索波特，
三联城的苍茫古港

　　波兰海岸边有两座大城市，西边为什切青，东边为三联城。格但斯克、索波特、格丁尼亚构成了波兰的三联城，围绕在美丽的格但斯克湾处。

　　索波特坐落在波罗的海入海口处，是一座重要的港口城市，也是波兰著名的休闲娱乐度假胜地，吸引着来自全世界各地的游客。拿破仑、希特勒、普金都喜欢在索波特下榻。

　　索波特非常漂亮，蒙洽克步行街道奢华时尚，休闲热闹，极其富有美感。这些建筑是德国建筑的风格，属于哥特式砖型建筑的晚期，白色的墙壁，红色的屋瓦，俨然一座典型的欧洲童话小镇的模样，来到这里会被其贵气、优雅、淡然和美丽深深地吸引。

　　波兰真正的富人喜欢在索波特买别墅，一排排大气、豪华的洋楼是索波特真正富人的标志。

　　索波特拥有悠久的历史和深厚的文化。7世纪的时候，这里是斯拉夫人的一座要塞，起初是一座连接起维斯瓦河和波罗的海流域城市贸易的港口城市，在10世纪的时候，这座城市的要塞地位开始减弱，索波特地区蜕变成了一座小渔村，最终被废弃。然而一个世纪之后，这个地方再次人丁兴旺起来。

　　《托伦和约》之后，这座城市成为波兰王国的一部分。16世纪，索波特成了著名的疗养胜地，来自格但斯克的富裕家庭在索波特修建房屋，疗养度假。1733年波兰和俄罗斯战争的时候，俄罗斯烧毁了这座城市，索波特的很多地方荒废了。1772年波兰被瓜分之后，索波特并入普鲁士，20世纪时成为德国皇帝最喜欢洗浴桑拿的地方，也成为格但斯克的居民度假胜地。

《凡尔赛条约》之后，索波特是但泽自由市的一部分（德国占领时称格但斯克为"但泽"，但泽自由市由维斯瓦河河口、但泽及整个三角洲组成，于1918年成立，1939年并入纳粹德国）。1922年，索波特举办了第一次瓦格纳的森林音乐节，音乐节在二战的时候被人为中断。

索波特的街道非常整齐干净，走在白色鹅卵石路面上，感受着迎面吹来的波罗的海的海风，心情无比惬意和舒爽。索波特老城里有很多咖啡厅、酒吧、赌场，游客可以完全地休闲放松。

走在Monska大街上，会路过一座歪房子——"扭曲的房子"，给人一种在阳光下马上就要融化的感觉。这座扭曲的房子由斯佐庭森欣·扎列斯基（Szotyńscy Zaleski）设计，斯佐庭森欣·扎列斯基是波兰的一位童话书插画家，根据他的插画设计了这样的房子。这座房子让人联想到西班牙高迪的建筑设计风格。扭曲的房子于2004年建造，外形是一座扭曲的卡通屋，充满了魔幻

色彩，扭曲的房子内部却和正常的房子没有太大的区别，给人一种不真实的美妙感觉。现在这座房子用作咖啡厅、餐厅和迪厅。

走到波罗的海的港口处，便可看到金色的沙滩和蓝绿色的大海。一层又一层的海浪击打着沙滩，溅起了白色的泡沫，在岸边的浅水里有很多天鹅一排一排地游向海水里。到了夏天，沙滩上有很多游客享受着日光浴，自在嬉戏。岸边有一座喜来登大酒店，拥有一掷千金的赌场，是尊贵奢华的象征，很多著名的政治家都喜欢来这座酒店疗养下榻。海水、沙滩、红顶白屋的建筑构成了一幅美丽的画。

索波特有着可观赏海上最美全景的观景长廊，也有欧洲最长的木制码头。延伸进波罗的海500米处有一座索波特的栈桥，修建于15世纪，是全欧洲最长的栈桥，自沙滩向格

但斯克湾延伸。走在白色的栈桥上，看着前方苍茫的大海，水天一线，无比辽阔。在栈桥上行走的人很多，一边走着，一边想着对岸的斯堪的纳维亚国家，想象着当时的贸易和琥珀之路，想象着二战的时候德国的军队如何进攻西半岛，不由得感慨历史的变迁。

栈桥的尽头是海港，各种船只、轮渡穿梭着，非常繁忙。

索波特的森林剧场每到夏天会举办各种音乐会和比赛活动，很多中国的歌手也曾经来过索波特参加比赛。坐在露天的大剧院里，闻着森林的味道，美妙的音乐回响在森林的天空里，那种享受的感觉油然而生。

冬天来索波特的时候，沙滩上覆盖着白雪，白茫茫的一片，和天空的颜色一样苍茫，栈桥延伸进去的大海和天空的颜色也连成了一片，一种苍茫、敬畏的感觉油然而生。

马尔堡，
条顿骑士团的堡垒

　　马尔堡位于波兰北部格但斯克港口城市的诺加特河畔，是欧洲最宏大的哥特式城堡建筑，由1600块大尺寸的哥特式砖块建成，每块砖重10公斤。这里是一个重要的军事要塞。

　　条顿骑士团在1276年开始建设马尔堡，一直作为大本营，直到1457年城堡卖给了卡其米日四世作赔偿。

历史沧桑，岁月流转，马尔堡不断修建、扩大，几经易主，直到二战爆发，马尔堡成了纳粹德国高级指挥军官的俱乐部，二战结束时马尔堡被破坏了50%，后来经历了一场大火，马尔堡几乎成为废墟。

战争结束后，根据马尔堡的断壁残垣，这个堡垒逐步被恢复了起来，重现了旧时的辉煌。现在城堡及其博物馆被联合国教科文组织列为世界遗产之一。

马尔堡所在的马尔堡小镇在城堡附近壮大，条顿骑士团管辖期间对琥珀的贸易进行垄断，后来该镇成为汉萨同盟的成员。格伦瓦尔德战役中打败骑士团之后，该镇被波兰人掌控。1772年波兰被瓜分的时候，马尔堡成为普鲁士的一部分，二战期间马尔堡被纳粹德国占领，波兰人被送往纳粹集中营。

马尔堡的城堡建立在诺加特河畔，过了一座长长的木桥就到了这座高耸的城堡上，远远望去，周围树荫葱郁，诺加特的河水在阳光下泛着粼粼波光，城堡和树影倒映在河水里，反射着太阳柔和的光线，城堡上方时而盘旋着乌鸦，格外神秘与美丽。

城堡分为高、中、低三部分，各自独立又相连着，每座城堡都有塔楼。通过一座木桥，迈入层叠、厚重的城堡大门，走进森严的古堡，可以看到条顿骑士团的防御工事，军械仓库、公共设施等；在中城堡那里可以看到条顿骑士团住宿、

生活的地方和活动中心，有教堂和监狱，以及骑士团大团长居住的地方；在高城堡那里，是条顿骑士团晚上守夜、防御的地方，可以俯瞰整座城堡。中世纪的厕所建在高高的塔楼上，经55米长的回廊与城堡连接， 回廊由5个高大穹顶支撑。

晚上的时候，可以随着条顿骑士团骑士的"幽灵"一起夜游城堡，导游穿着条顿骑士团的服饰，点着火烛带领大家参观马尔堡。整座城堡非常安静，天空中盘旋着乌鸦等飞鸟，城堡的大门为游客缓缓地打开，人们随着"幽灵"重温了马尔堡的历史。走到城堡中心的空地，大团长的雕塑前时，高城堡的塔楼里瞬间点亮了灯烛，照得漆黑的城堡灯火通明，这时城堡内响起了条顿骑士团苍凉的军歌，眼前会浮现当时守夜人你枕着我，我靠着你，站岗守夜的情形，想到当时硝烟弥漫的战场，顿时一种悲怆的感觉涌上心头，让人深感马尔堡的苍凉。

　　马尔堡的墙壁现在还遗留着当年战争的弹孔，围绕在马尔堡周围的护城河也已经干涸了。这座砖型城堡记录了那一段苍茫的历史，看到马尔堡博物馆里展现的条顿骑士团白色长袍上绣着的黑色十字，会不由得浮想联翩。

　　在很多人的印象中，条顿骑士团几乎攻无不克，战无不胜，他们就仿佛是希腊神话中的阿喀琉斯一样，个个都是英雄，然而条顿骑士团的生活其实非常世俗化，对当地居民的生活有很大的影响。波兰人也是骄傲、善战的，最后终于赶走了条顿骑士团，收复了自己的家园，创造自己辉煌的历史。

埃尔布朗格，
陆地行船的奇迹

　　埃尔布朗格是"千湖之湖"马祖里湖区的一座极其美丽的城市，也是以前格但斯克省最古老的城市，历史可以追溯到1237年条顿骑士团时期在附近的河岸修建的要塞。

　　埃尔布朗格是汉萨同盟的一部分。这一带森林茂密，一直以来贩卖松木，沿着埃尔布朗格河一直到维斯瓦河、德尔文察河，可以到达波兰内陆。波兰第一次被瓜分的时候，埃尔布朗格被划归普鲁士，埃尔布朗格作为贸易城市的地位大大减弱，一直到19世纪工业化时期，乔治·斯坦克（George Steinke）修建了连接德鲁兹诺湖和德尔文察湖的著名的埃尔布朗格运河，埃尔布朗格的贸易才再次繁荣起来。二战之后，该城市再次成为波兰的领土，因为这座城市拥有美丽的自然环境，埃尔布朗格成为波兰最受欢迎的旅游胜地之一。

埃尔布朗格运河被称为"波兰的七大奇迹"之一，可以运载重达50吨的货船，从运河起始位置到运河终点的落差将近100米，为了解决落差的问题，乔治·斯坦克利用水的动能设计了可以拉动船只在陆地上行走的轨道设备，最初是为了运输木材，到了20世纪铁路的发明取代了运河运输木材的作用，这处修建于100多年前的运输设备便被用作旅游景点。

在德鲁兹诺湖和奥斯特鲁达湖之间，从水平面起，有5段落差，巴克奇尼克运河（Buczyniec）上升了20.4米，凯蒂运河（Katy）上升了18.83米，奥利斯尼卡运河（Oleśnica）上升了21.97米，新果施布运河（CałunyNowe）上升了13.72米。斜面完全由两条平行的轨道组成，轨距3.27米，一辆载着小船的车沿着斜坡下降，另一辆沿着斜坡上升。在没有电的年代，从高河段取水，带动齿轮转动，产生动能，便可以拉动钢轨。

游客可以参观这项工程的博物馆，可以坐船体验陆地行船，欣赏运河沿途的风景。周围绿树环绕，花香鸟语，格外诱人。坐在船里，感受着船时而在水中前进，时而被拉动在陆地行进的感觉非常独特，正如一条拉丁文名言所说：如果一件事可以占三点，这件事就非常完美。这条埃尔布朗格运河是人类的智慧、商业

价值以及自然美景的结合体，是一项非常重要的工程。

　　到埃尔布朗格体验陆地行船，看160多年前的人们如何利用人力和自然创造经济价值，是一场非常独特的旅行，埃尔布朗格的环境也极其优美，运河周围的池塘湖泊，树木环绕，宁静怡人。

奥尔什丁的
红色印记

　　马祖里湖区是冰碛平原，湖水星罗棋布，连成一片，有千湖之称，环境非常优美。走田间小道会看到一路上森林湖泊静谧怡人，仿佛步入到大自然的神秘园之中，眼前只有蓝绿交错的一片。道路向前延伸，蓝色的天空中的云卷得很美，抬头就是地平线，仿佛一伸手就可以够到碧蓝的天空一样。

奥尔什丁是一片有着红色印记的古老城市，砖型哥特式建筑很多，城市里还有不少市政森林，可以体会到一股清新的感觉。吹着来自森林的风，欣赏着古老的建筑，耳边听着街头艺人演奏的忧伤音乐，炎热的夏日也变得无比凉爽，让人不由得想象这座城市古老的历史。

奥尔什丁沿着韦纳河建立，曾经此处是一片古老原始的森林和草原。石器时代此处就已经有居民居住，1346年，德国移民清除了沿着韦纳河的古老森林，在普鲁士地区建立了一个新的居民点，命名为奥尔什丁。1347年，条顿骑士团在奥尔什丁建造了城堡，1353年瓦尔米亚主教授予奥尔什丁市镇自治权，1410—1414年，奥尔什丁两度被波兰王国占领，1440年奥尔什丁加入了普鲁士联邦。在《托伦和约》签订之后，奥尔什丁并入了瓦尔米亚省的省会，随后哥白尼住在奥尔什丁城堡，1655年瑞典军队占领了奥尔什丁。17世纪奥尔什丁出现了瘟疫、黑死病，霍乱流行，城市人口几乎无存。

在瓜分波兰之后，奥尔什丁并入普鲁士王国的东普鲁士省。第一次世界大战之后，奥尔什丁选择成为东普鲁士的一块飞地留在德国。二战期间，纳粹掌权，该市的波兰人和犹太人遭到日益加剧的迫害，德国国防军将奥尔什丁作为驻地，把波兰少数民族激进分子关进了集中营。1945年8月，奥尔什丁划归波兰。

漫步在奥尔什丁的古城里，徜徉在哥特式的砖型建筑之间，感受城市的忧郁和厚重的历史感，心中会充满了对美的敬畏。这是一座满是红色的历史印记的城市，红色的圣雅各教堂，红色的高门……古老的市政厅、高耸的城堡，悠然地屹立在韦纳河河畔。

在老城中心有著名的奥尔什丁城堡，这座城堡修建于1348—1397年，作为瓦尔米亚教士管理该城市的住宅。在1516—1521年，该城堡由哥白尼坐守，保卫着奥尔什丁不被条顿骑士团侵犯。城堡在中世纪也被用于贮藏珍宝和当作粮仓，之后被用作政府管理机构。

走进城堡入口处，会先经过一座哥白尼的雕塑，用于纪念奥尔什丁建立650周年落幕。哥白尼手拿观测仪在天文台上遥望、观测着天体的运行，他的那双眼睛充满了对未知的好奇和对广袤宇宙的无限热爱。他住在城堡东北角的一间房子内，在那里写下了关于造币的条约以及对天体星象的观测。

在城堡的公园里还有一座纪念哥白尼诞辰100周年的雕塑，于1916年立在了公园里，上面刻着铭文：哥白尼保卫了城市不受条顿骑士

团的侵犯。一个伟大的波兰人。

在城堡内部的墙壁上可以看到哥白尼1517年绘制的图表，通过计算和观察，哥白尼确定了春分的时间。

这座城堡现在用作瓦尔米亚-马祖里博物馆，展示着哥白尼的生平以及瓦尔米亚地区的历史变化。走过了弗伦堡、托伦，再来到奥尔什丁，更深刻地了解哥白尼的生平和故事后，会发现哥白尼不仅是一位伟大的天文学家，写了《天体运行论》，而且是一位数学家、律师、哲学家、医生、翻译家、神学家、城堡的管理者。

进入老城，需要通过一个高门。高门修建于14—15世纪，在主街道的末尾，从南部连接着老城。这座高门是奥尔什丁在中世纪时期遗留至今的防御体系，城外有一座架于湿地之上的桥，湿地在19世纪时已经干涸。这座高门总共有4层，高门面向老城的那面是被战火烧过的黑砖，在1858—1898年，这座高门被用作监狱。2013年高门被重新翻修，庆祝奥尔什丁建立650周年。

2004年时，面向老城的一座窗户被贴满了描绘圣母玛利亚的马赛克，这些马赛克是保罗二世送给奥尔什丁的礼物。据说当时教皇保罗二世来访奥尔什丁，天边出现了彩虹。

奥尔什丁在1353年被赋予城市的权利。从1378年起，木头和泥土修葺的防御体系被翻修成砖型的城墙。15世纪末期，人们在城市的北部和东部加固了第二圈防御体系，18世纪的前半期，防御体系失去了防御作用，被荒废在那里。19世纪，大部分连接着高门的防御体系被摧毁，建立了新的街道。

漫步在奥尔什丁的街道上，也许会在街道拐角处意外发现一个标志，上面标着奥尔什丁和友好城市之间的距离。这里距离中国山东的潍坊有7322千米。

沿着韦纳河散步，听着潺潺的水声向前流淌着，不知道历史将会伸向何方。

卡其米日多尔尼，犹太人朝圣的地方

卡其米日多尔尼是波兰历史上一座有名的古镇，位于维斯瓦河右岸的卢布林省普瓦维县，其历史可以追溯到11世纪时期。1181年波兰卡其米日二世王子把此地赠送给兹维日涅茨克拉科夫区的修女，修女把此地改名为卡其米日多尔尼，以示对王子的尊敬。到了14世纪，国王卡其米日三世大帝将此村落真正地修建成一座小镇，他娶了传奇美丽的犹太人埃斯特卡作为妻子，因而赋予了犹太人很多权利，并允许犹太人在此居住、经营商业，这小镇就形成了犹太人的聚居区。

位于维斯瓦河水道的重要位置，又经过不断发展壮大，卡其米日多尔尼很快就成为波兰重要的商业城市，一直到1656年，第二次北方战争时期，瑞典军队进攻波兰立陶宛联邦，小镇饱受战火之后，人口减少，开始衰落，再也难现昔日的辉煌。

如今卡其米日多尔尼以独特的历史和自然环境，成为波兰著名的旅游景点之一，很多人来此寻找艺术灵感，比如一位波兰著名

女作家的一部战争题材的小说《两个月亮》就是以卡其米日多尔尼小镇作为故事的背景，之后被波兰导演安杰伊·巴兰斯基（Andrzej Barański）拍成了电影。

到了渡口，先坐摆渡船渡过维斯瓦河，才能到达对岸的卡其米日多尔尼。在机械齿轮的作用下，摆渡船缓缓地向对岸行驶去。站在摆渡船上感觉非常平坦，就像在水面行走一样，好像有了武侠小说里"铁掌水上漂"的功夫。大约15分钟，便可以抵达小镇。

上了岸，顺着路标朝城堡方向往上爬，一路上风景秀丽，街道干净整洁，树木葱郁。所

有的第一印象都可以用一个字来形容——这里非常"美"！无论是历史、自然，还是当地生活的人们。

小镇很多建筑物是由白色石灰岩建成的，经过岁月、战火、风雨的不断洗礼、摧毁和风化，成了残留的废墟，却体现着沧海桑田的历史美感与无奈。当地盛产石灰岩，在小镇附近有一处石灰岩采石场，直到1992年才被禁止开采。在山坡上有14世纪到16世纪城堡的废墟，还有遥相呼应的一座13世纪到14世纪的防御塔，都是石灰岩建造的。

登上防御塔俯览小镇，维斯瓦河仿佛就在脚下，如同一条时间之河不断向前流着，不会回头。而小镇则被周围葱郁的树林包裹着，非常安静。在防御塔上打起旗语——比如两个旗子交叉是"不要上来"，打开是"欢迎前来"的意思——眼前仿佛再次出现了中世纪的防御攻势，有种窥探历史私密的兴奋感与"负罪感"。

这些艺术氛围，吸引着很多文艺青年手提画板在此作画，小镇的广场上也有很多卖画的画廊和小摊，这里是波兰的艺术中心。

卡其米日多尔尼的建筑，除了石灰岩建造外，还有很多木制的，其中很多是由波兰著名的建筑师卡罗·西昔因斯基（Karol Siciński）设计，有山区风格，独具匠心的各种度假房、废弃的司法部、学校旧址……其中有一座房子历史非常悠久，是建于17世纪的房屋，立于一座木桥旁。屋身已经被磨得黑亮，周围长满了青苔，四周是庄稼地和生态果园，如同中世纪的某个女巫

的住所，花400兹罗提可以在这座房子内体验一晚上。

　　当然，这里很多美景在于大自然的神奇，人们可以享受着与自然和谐为一的乐趣。这里可以体验森林的秘境，那种快感简直无法比拟——"树根峡谷"是由雨水冲刷后，又加以人工挖掘修成的，在这里行走，如同进行一场地心之旅一般。两旁是裸露的上百年"妖树"的树根，盘根错节，仿若梦境一般。

小镇之前是犹太人的居民区，卡其米日多尔尼这个名字与克拉科夫郊区的一个犹太人聚居地的名字相同。二战以后，很多犹太人的公墓被毁，现在人们把墓碑残余的碎片砌成一座"哭墙"，是犹太人朝圣的地方。

　　漫步在这座艺术的小镇上，可以看到很多人体模特，穿着搞怪，供游人拍照。街角处有很多动物的雕塑。

　　有时会有一群戴着头盔、骑着摩托车的人在小镇里飞驰而过，他们在进行着摩托车比赛。还有很多家人一起在小镇散步，从游客身旁晃过……卡其米日多尔尼比起西欧小镇可能不那么耀眼，却闪着平和的光，温暖着岁月，让一切嘈杂都消停下来。

POLAND

克拉科夫，
美丽又沉重

　　14世纪到17世纪是波兰非常繁荣的黄金时代，前期定都克拉科夫，让它成为欧洲著名的经济文化中心，直到16世纪齐格蒙特三世迁都到华沙。

　　克拉科夫是一座非常美丽、古典的城市，也是欧洲最美的城市之一，建于700年前后，是维斯瓦族的故乡，他们统治着小波兰一直到10世纪。18世纪瑞典入侵之后，克拉科夫逐步衰落。在波兰被俄

罗斯、奥地利、普鲁士瓜分时期，克拉科夫划
归奥地利管辖，1918年再次回归波兰。二战期
间，克拉科夫损失惨重，雅盖隆大学的全体教
师被杀，约5万名犹太人被送往纳粹集中营。战
后克拉科夫才得以重建。

　　克拉科夫的历史是厚重的，由于战争对城
市本身的破坏不大，很多历史古迹得以保留下
来。美丽的古城在时光的打磨之下，泛着历史
黝黑的光泽，走在克拉科夫的大街小巷，会油

然而生历史沧桑感，产生一种惋惜，感叹波兰艺术的美。

克拉科夫的名胜古迹很多，著名的玛丽亚大教堂、奥斯维辛集中营、维利奇卡盐矿、星罗棋布的古老的木质教堂、充满艺术气息的欧洲中世纪最大的广场等等，在克拉科夫行游会感到全身心都沐浴在历史文艺的洗礼之中。

瓦维尔城堡是克拉科夫的起源和地标，建立在克拉科夫维斯瓦河畔的石灰岩山岗上，是波兰最古老的宫殿之一。瓦维尔山风景秀丽，鲜花簇拥，树林茂密，山脚下的维斯瓦河宽敞、明亮，缓缓地流淌着。克拉科夫的早期历史就从此地发源。相传克拉科夫的创始归功于神话统治者克拉科斯，他在被一条火龙占领的洞穴处修建了克拉科夫这座城市。

瓦维尔山的瓦维尔城堡是由卡其米日三世修建的，是波兰最古老的城堡之一，代表着欧洲中世纪、文艺复兴时期和巴洛克时期的风格，几个世纪以来瓦维尔城堡一直是波兰国家的象征，现在也是波兰国家艺术博物馆，展示着绘画、雕塑、纺织物等工艺品。

据记载，5万年前在瓦维尔城堡附近就有人居住，贸易和农业使当地繁荣起来，16世纪齐格蒙特三世迁都到华沙，和妻子一起带来了最好的艺术家，把城堡翻修成文艺复兴时期的豪华宫殿，1595年城堡遭受了一场大火，西格斯蒙德对它进行修复。

城堡内的主教堂建于1020年，在波兰具有重要的地位，是历代所有波兰国王加冕的地方。大教堂外观是哥特式建筑风格，非常雄伟壮丽，进入教堂内部会为教堂里的陈列感到惊叹。教堂内部是庄严肃穆的，陈列着波兰国王、克拉科夫主教的古棺，波兰许多著名历史人物的灵柩也葬在这里，其中包括世界闻名的波兰诗人密茨凯维奇、斯沃瓦茨基，民族英雄科希秋什科以及毕苏茨基等人。2010年波兰总统卡钦斯基乘坐的图-154专机在俄罗斯西部斯摩棱斯克坠毁，机上90多人无一生还，总统夫妇的灵柩也葬在这座教堂内。

克拉科夫的老城广场是欧洲中世纪最大的广场，可以追寻到13世纪，周围环绕着历史建筑和教堂，中心有一座哥特式的市政厅，当时的贸易非常发达。现今老城广场周围依然是贸易与娱乐的中心，环绕着商店和酒吧，时不时有豪华的马车驶过，增添了广场的浪漫氛围。很多游客坐在老城广场的露天酒吧，一边悠闲地品尝着美食，一边欣赏着老城的景色，无比自在、惬意。

除了贸易作用外，这座广场还见证了很

多波兰的历史事件。中世纪市政厅在广场上处决犯人；16世纪普鲁士把敬意带给波兰国王，立陶宛大公接受波兰主权，1531年波兰的贵族马克·扬·塔诺夫斯基庆祝了莫斯科战争的另一场胜利；索波斯基国王也在老城广场上庆祝维也纳战役的胜利等等。

广场上有一个重要路标——圣玛利亚教堂，这是一座哥特式砖型建筑，圣玛利亚教堂有两个高低不一、非对称的塔楼。高塔为典型的哥特式尖顶，低塔则是融合了哥特与拜占庭风格的圆状屋顶。相传有两兄弟从不同方向修建塔楼，就成了现在的这个样子。这座教堂在1929年埃里克·凯利的《克拉科夫的小号手》一书中被提及，为很多英文读者所熟悉。

来到克拉科夫一定要参观地下城市——维利奇卡盐矿。传说很久以前，一位匈牙利国王将爱女金加公主许配给了波兰国王。当时的波兰，盐是十分稀缺的珍贵之物，公主想给未来的丈夫一份礼物，便把订婚戒指扔进了匈牙利的一个盐矿中。戒指神奇地在盐的沉积物中游走，一直游走到了维利奇卡。人们找到了这枚戒指，也就发现了维利奇卡盐矿。这是一座世界罕见的盐矿，于13世纪开采，曾是波兰王国的主要经济来源。

盐矿一共建有2350间矿室、240多千米长的隧道。这是一座地下宫殿，是用盐矿造就的奇迹。在深达300多米的地下，矿工开凿了无数盐雕、地下湖泊，以及教堂。在盐矿中有一个深达9米的湖，在盐矿昏暗的灯光下闪着绿色的光，让人不由得浮想联翩，想到各种神话故事里的传奇宝藏。

在圣·金加教堂里，从神坛上的圣像到烛台吊灯，从楼梯到精美的花纹地板，都经精心打磨雕刻出来，显得华丽金贵，栩栩如生。行走在地下，竟有种朝圣的感觉。

奥斯维辛集中营在克拉科夫的近郊，如果参观了奥斯维辛集中营，就会更加深刻地体会到波兰这个国家的文化，了解波兰的苦难历史。克拉科夫是最早欢

迎犹太人入住的城市之一，犹太人在此有稳定的生活，创造了很多财富，然而二战期间有将近5万人被押送到奥斯维辛集中营，过着惨绝人寰的生活。看到那些红色低矮的牢房和一幕幕让人脊背发凉的遗物，心中会燃起对纳粹践踏人性的憎恨，同时也感受到对波兰人的同情。奥斯维辛这样的人间炼狱，

时刻提醒着我们不要忘记历史。

　　来到克拉科夫，在老城喝一杯咖啡，看着蓝色的电车缓缓驶过，岁月静好，这座城市带给在这里生活的人们、带给游客太多触动。克拉科夫的建筑散发着历史的味道，如同一位美丽古典的大家闺秀，带给人无穷的回味。

POLAND

扎科帕内，
四季迷人的山区

　　波兰地形北边是平原，南部则是山地，在波兰和斯洛伐克边境有塔特拉山脉（喀尔巴阡山脉的最高山岭），塔特拉山脉脚下有一座著名的度假胜地和冬季运动中心扎科帕内。

　　扎科帕内一年四季都很迷人，春天树木泛青的时候，漫山遍野的鲜花，生机勃勃。夏天天气极好，山林树木葱郁，空气清新。秋天的扎科帕内成了色彩斑斓的风景画。到了冬天，积雪覆盖在山坡上，扎科帕内成了滑雪者的天堂。这里一年四季游客络绎不绝。

扎科帕内是一座迷人的小镇，历史最早提及扎科帕内是在17世纪。扎科帕内是波兰南部一个偏远的小村庄，到了18世纪逐步发展起来，吸引了来自附近克拉科夫的游客。19世纪时，来扎科帕内的游客逐步增多，这里成了著名的度假胜地。20世纪，扎科帕内成为波兰冬季滑雪的首选，二战期间，纳粹及其家属开始在扎科帕内度假，很多塔特拉山区的导游和滑雪者冒着生命的危险帮助难民穿过波兰边境。

漫步在克鲁波夫大街上，街道两旁都是商铺、旅馆和饭店，两旁的建筑物是山地特有的建筑风格——造型各异、精致美观的木质别墅，街道上的游客很多，热闹而繁华。时不时可听到饭店里传来小提琴悠扬的琴声，可以闻到空气中烤羊肉的味道，让人垂涎欲滴。

山区人是豪放的，热情的，他们身材比较粗壮，经常可以看到他们穿着山地人的服饰载歌载舞。山地人也因为精力充沛的民间舞蹈和歌声，以及他们复杂的绣花服饰而闻名，整个扎科帕内安静却又充满了活力。街头有很多表演艺术家、肖像绘画家，还有来往穿梭的马车，一切都让扎科帕内变得非常迷人。

乘坐马车向塔特拉山脉走去，一路上微风习习，耳边听到的都是树叶沙沙的声音，如同大自然的呢喃，山间流淌的小溪带来了无比清爽的感觉。闭上眼睛，沉浸在视觉的享受和耳边的天籁之中，马车缓缓地爬上了山顶，忽然睁开眼睛，会看到眼前秀丽的塔特拉山脉。

如果选择坐缆车，可一直坐到山顶。缆车在大山深处滑行着，置身于茂密的森林之中，可以感受到山地潮湿的气息。到山顶之后，眼前的山区尽在脚底，只见山路蜿蜒曲折，山地的建筑层出不穷，如同一幅黄色和绿色相间、巨幅的美丽油画。果然是"一览众山小"。

塔特拉山脉有一处非常美丽的自然景观——塔特拉山脉最大的湖泊，被称为"海眼"。根据传说，海眼的湖泊底部可以连通大海，来往的商人会把宝藏倒入到湖泊之中。从上面俯视着海眼，只见绿色的山林之中有一汪蔚蓝的湖水，如同海的眼睛一样向游客眨巴着，散发蓝宝石一样的色泽，平静而又美丽。

塔特拉山脉是攀岩运动者、滑雪运动者的天堂，到了冬天有很多人在这里滑雪，体验着积极运动和投身大自然的乐趣。这里的空气非常清新，有机会的话，在山区的一间木质别墅待几个月，带上自己喜欢的书，休息写作，一定能体验到生活的特别乐趣。

NO.15

POLAND

弗罗茨瓦夫，
小矮人之城

弗罗茨瓦夫是位于波兰西南部奥得河畔的一座美丽城市，下西里西亚美丽又热闹的首府。这也是一座充满灵气的城市，水光树影，建筑辉煌，街道处还遍布着憨态可掬、姿态各异的小矮人，跳动在奥得河的河畔。

弗罗茨瓦夫在过去的德国时代是重要的经济文化中心，拥有很多哥特式、文艺复兴、古典主义、现代主义、后现代主义的建筑，其中70%被战火烧毁，也有不少建筑保留了下来。

弗罗茨瓦夫的街道上令人惊喜地撒满了形态各异、幽默搞笑的小矮人，这些小矮人如同这座城市的精灵一样，成为城市的特色。弗罗茨瓦夫被称为"小矮人之城"，2013年的时候，该城一共有超过250个小矮人，放置在城市的不同地方，其中有6个在LG的工厂内。

　　小矮人有一个古老、遥远的传说。相传在很久以前，欧洲的森林深处生活着一批善良、友爱的小矮人，小矮人只有1尺高，他们正义勇敢，团结起来与恶势力作斗争，这样一批正义的形象铭刻在当地人心中。

　　关于小矮人的历史要追溯到1981年12月雅鲁泽尔斯基戒严时期，弗罗茨瓦夫理工大学的学生对军管表示抗议，就扮演了小矮人的造型，头戴橙色的帽子，脚穿翘履游行，在城市的各大街头进行涂鸦、表演话剧，用各种手段讽刺、抗议军政府的恶

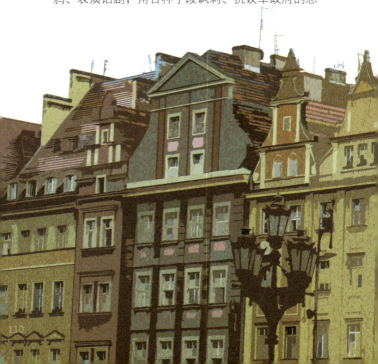

行，很受当地民众的欢迎。虽然这样的抵抗行动会遭到当地政府的镇压，但小矮人正义、可爱的形象深深地留在了当地居民的心中。

自从1991年政府首先用铜制作了11个小矮人安放在了弗罗茨瓦夫的各个角落，此后民间对小矮人的热爱一发不可收。在弗罗茨瓦夫的大街小巷摆放着各种姿态的小矮人，有做拉面的小矮人，有卖药的小矮人，有卖报纸的小矮人，有拉手风琴的小矮人，有坐轮椅的小矮人……

市民们常常会别出心裁地给小矮人穿上各种衣服。如今的小矮人为这座城市添加了灵气。

资讯
微焦距
POLAND

资讯情报站
P O L A N D

美食情报站

POLAND

波兰是拥有很多传统美食的国家，在漫漫的历史长河中，波兰受到了俄罗斯、德国、捷克以及奥地利等地饮食的影响，同时也受到了意大利、法国和中东的饮食影响。

波兰的菜肴吸收了多民族的烹饪精华，特别是来自犹太人、乌克兰人、白俄罗斯人以及立陶宛人的传统。几个世纪以来，慢慢形成现在人们常见的波兰美食。

波兰是欧洲的农业大国，许多产品在欧洲及世界上均占有一定地位。例如，波兰是欧洲第二大浆果（主要是草莓、树莓和醋栗）生产国，也是洋葱、卷心菜、花椰菜和苹果的主要生产国。

波兰主要农作物有谷物（小麦、大麦、玉米）、马铃薯、经济作物（油菜籽、甜菜）、饲料作物（黑小麦）。波兰中部、东部和北部主要是草场和马铃薯、黑麦的主产区。南部和西部是小麦、甜菜和油菜的主产区，果园及浆果种植则分布在马佐夫舍省、卢布林省、罗兹省，乃至大波兰地区等广阔地域。

畜牧业在波兰也特别发达，波兰的奶制品和鸡蛋销售到了全世界各地。

风味波兰汤Top6

◈ 甜菜汤 ◈

这是乌克兰风味的甜菜汤，由甜菜和土豆、奶油等熬成。还有一种甜菜汤里面可以加入饺子，在圣诞节的时候，波兰人的11道大餐中一定会有甜菜汤这一道。

◈ 卷心菜汤 ◈

里面通常有排骨，土豆、洋葱、胡萝卜、大白菜等蔬菜，带着酸味，非常开胃。

◈ 南瓜汤 ◈

波兰的南瓜汤和其他国家的南瓜汤味道不一样，带着一股涩味，味道咸咸的，在万圣节前后波兰人喜欢喝南瓜汤。

✿ 面条鸡汤 ✿

面条鸡汤是用肉和蔬菜熬煮而成的清汤。选用的肉类有家禽肉（鸡、鸭、鹅）、牛肉、猪肉或其他不同肉类的混合。汤料会依据各地的饮食习惯有所不同，煮汤时加入seler（芹菜根部）、pietruszka（香菜根部）、marchewka（胡萝卜）、cebula（外皮烤焦的洋葱）等蔬菜，煮好后可以加入面条、面疙瘩等。

✿ 酸黑麦汤 ✿

酸黑麦汤（Żurek）因为添加了发酸的黑麦，所以闻起来有一种非常特别的酸味，除了黑麦以外还有白香肠和煮鸡蛋，使得这个汤的口感和营养变得更加丰富。用面包制成的碗上菜，配搭波兰面包，口感是酸酸的，热腾腾的。

✿ 蘑菇汤 ✿

波兰的蘑菇汤里可以加上鸡蛋和香肠，味道鲜美，符合中国人的口味。

波兰主菜

波兰中午的主菜大多数情况下都是一块肉，再加一碟咸菜，配着土豆或者大米。肉可以是猪排（波兰人非常喜欢吃）、鸡肉、牛排或者鸡肝。

其他主菜还有波兰焖牛肉、蔬菜炖肉、波兰烤鸭等等。

波兰面食

波兰也有饺子，波兰语称为"pierogi"。波兰饺子的馅各式各样，可以是肉、白菜蘑菇、奶酪、蓝莓等等，可以干吃，也可以蘸着酱吃。

波兰煎饼

波兰的煎饼配着各种酱，非常酸甜可口。

波兰甜点

波兰是盛产甜点的国家，入口的甜点可以让人非常开心。在圣诞节的时候，大家要吃罂粟蛋糕，这是波兰人的传统之一。

波兰饮品

波兰人喜欢喝伏特加，这是波兰的"生命之水"。伏特加的原料是土豆、大麦、小麦等谷物，把这些发酵后进行蒸馏。伏特加是经过多次蒸馏而成的，所以能得到度数很高的酒。在波兰比亚沃韦扎的原始森林里，有一种野牛草，这种草会放入伏特加中，成为波兰人非常喜欢的饮品——野牛草伏特加。

美宿快讯
News flash

　　酒店需要提前预订，办理签证的时候，需要递交酒店的订单，可以在携程、hostel world、booking等网站上预订。大多数酒店接受visa卡或者万事达，有些酒店会提前扣除房费，有些则扣除保证金。波兰的酒店有些提供早餐，早餐非常丰富。

购物快讯

News flash

　　在每一个波兰城市的市中心都有一个购物广场，里面有欧洲的各种奢侈品牌。波兰的物价很低，在这里购买奢侈品非常实惠。因为这里的商品物美价廉，有很多德国人会跨过边境到波兰购物。

　　波兰街边的小店一般都是明码标价，不接受讨价还价。

　　在物美价廉的波兰，购物会感受到不一样的体验。

　　波兰一般有两个打折季，分别在冬季圣诞节左右的1月，以及夏天的7月。到了打折季，商店里人山人海，确实可以找到真正便宜的商品。

波兰旅行线
P O L A N D

北部旅行线

格但斯克—索波特—格丁尼亚—韦巴—马祖里湖区

√ 这条旅行线在波兰北部，可以看到美丽的波罗的海，以及沙漠、沙滩、森林等自然风光，同时也可以看到有"千湖之称"的冰碛平原。这里自然环境优美、人文历史丰厚，可以算是波兰最富裕，也最值得观光的地方。

西北部旅行线

波兹南—格涅兹诺

√ 波兰的起源地，可以看到波兰最古老的教堂，领略最传统的波兰文化。

南部旅行线

克拉科夫—扎科帕内—弗罗茨瓦夫/卢布林—普热梅希尔

√ 分为西南线和东南线，串联波兰南部的重要城市，可以看到波兰丰厚的人文历史，以及山区独特的风光。

旅行须知

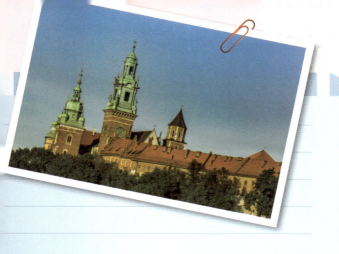

☆通用必备

❤ 护照、签证、机票、酒店订单、个人旅行保险、银行卡、欧元。

❤ 波兰通用的货币是兹罗提，因而抵达波兰需要将欧元转换为兹罗提。

❤ 手机充电器是欧标，波兰的电压为220V。

❤ 波兰当地电话卡、地图行程攻略和笔记本。

☆生活必备

❤ 部分酒店不提供洗漱用品以及拖鞋，需要自备。

❤ 请带上常用药物，风油精、创可贴、感冒药、肠胃药以及晕车药、防晒霜、雨伞。

☆ 旅途须知

　　波兰治安很好，很安全，但也要提高警惕意识，看管好自己的钱包和手机。发生紧急情况、财物损失时要及时报警。

报警电话

0048-997（座机），0048-112（手机）

旅游热线电话（有英文应答）

608 599 999

急救中心

0048-999

道路救援

9281，9637

驻波兰使馆领保协助电话

0048-603 445 559，0048-607 291 268

中国外交部全球领事保护与服务应急呼叫中心电话

+86-10-12308或+86-10-59913991

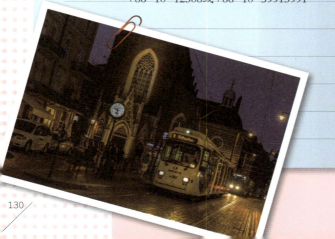

文艺时光

① 文学

◆亨利克·显克维支作品

《你往何处去》：诺贝尔奖获奖作品，早期基督教兴起的长篇历史小说

《十字军骑士》：历史小说

《火与剑》《洪流》《伏沃迪约夫斯基先生》：历史小说三部曲

◆亚当·密茨凯维奇作品

《塔杜施先生》：以1811—1812年的历史事件为背景的长诗

《先人祭》：诗剧

◆波莱斯拉夫·普鲁斯作品

《玩偶》

◆维斯瓦娃·辛波斯卡诗集

《桥上的人们》

《一百个笑声》

《巨大的数目》

《一见钟情》

◆奥尔加·托卡尔丘克

《太古和其他的时间》

《白天的房子，夜晚的房子》

《航班》

《云游》

❷音乐

肖邦作品

马祖卡舞曲

波洛奈兹舞曲

❸电影

《辛德勒的名单》

《福地》

☆世界遗产

01 克拉科夫历史中心

02 维利奇卡和博赫尼亚皇家盐矿

03 前纳粹德国奥斯维辛–比克瑙集中营

04 华沙历史中心

05 别洛韦日自然保护区/比亚沃韦扎森林

06 扎莫希奇古城

07 马尔堡条顿骑士团城堡

08 托伦中世纪古城

09 卡尔瓦里亚–泽布日多夫斯卡

10 亚沃尔和斯文德尼卡和平教堂

11 小波兰省南部木质教堂群

12 穆斯考考尔公园

13 弗罗茨瓦夫百年厅

14 波兰和乌克兰喀尔巴阡地区木质教堂

15 塔尔诺夫斯克山铅银锌矿及其地下水管理系统

16 科舍米翁奇的史前条纹燧石矿区

......

城市丈量指南
POLAND

马佐夫舍省

马佐夫舍省位于波兰中部偏东，以波兰历史上的"马佐夫舍地区"命名，是全波兰面积和人口第一的省。马佐夫舍省的首府是华沙，华沙同时也是波兰的首都。

华沙的城市历史有800多年，几乎在每个世纪都遭到毁灭，每次在毁灭之后都得以重建，让这座城市带上了一层淡淡的忧伤的感觉。

大洪水时代，普拉加战役，十一月起义……二战期间，华沙又几乎完全被摧毁。二战之后重建，联合国教科文组织把华沙古城列入联合国教科文组织遗产保护名录。

华沙拥有丰富的艺术、文化生活，是一座文化城市，有超过30家歌剧院，众多博物馆，比如华沙起义博物馆、国家博物馆、肖邦博物馆、犹太人博物馆等等。到了波兰的博物馆之夜，华沙大多数的博物馆都开放了，夜晚的大街上熙熙攘攘，大家在博物馆之夜彻夜狂欢，享受着文化的盛宴。

最适合游览华沙的季节是夏季，到了夏天，华沙整个城市的树木全绿了，仿佛生活在大自然的肺当中。这个时候可去参观华沙的维拉努夫宫、肖邦公园（瓦津基公园）以及植物园等景点，感受夏日的绿色和阴凉。

华沙的交通非常便利，公交车可以抵达城市的任何一个地方，从华沙出发也可以到达波兰的各个景点，市内打车、租车都很方便。

华沙附近莫德林地区有一座非常出名的要塞，这是一战的时候波军抵抗俄国进攻的要塞，在这场战役中，波兰获胜。莫德林要塞位于波兰的维斯瓦河和布格河的交叉口，地理位置非常重要，也是二战期间进攻华沙必须经过的一座要塞。在这里可以看到军事博物馆，以及要塞遗留下的痕迹。乘坐火车可以很容易地经过这里。

华沙还有很多植物园，比如瓦津基附近有一座华沙大学的植物园，每年的4月到10月开放，里面鲜花万紫千红，有重要的医用植物、珍稀植物、波兰的保护植物，各种灌木、热带植物、景观花卉等等。漫步在植物园里，小道两旁郁郁葱葱，缤纷满路，不同的花在不同的时期盛开。在植物园

里散步，感觉满园香气，沁人心脾，不愧为休闲散步的好场所。

和其他城市不一样的是，华沙作为首都非常繁忙，也很前卫。生活在华沙的波兰人温和却又潮流，他们虽然不像其他城市的波兰人那样热情，生活节奏更快，但是依然非常乐于助人。

这座城市既保留了波兰的特色，又有大城市的便捷。随着来来往往的人群穿梭在地铁站中，一种故事感再次油然而生，这就是华沙的魅力吧。

ATTRACTIONS

景点推荐

❶ 老城

❷ 维拉努夫宫

❸ 肖邦公园（瓦津基公园）

❹ 维斯瓦河

❺ 莫德林要塞

❻ 犹太人博物馆

❼ 华沙起义博物馆

❽ 华沙国家博物馆

❾ 弗雷德里克·肖邦博物馆

❿ 皇家城堡

⓫ 哥白尼科学中心

大波兰省

P O L A N D

　　大波兰省是波兰中西部的一个省份，有"波兰的摇篮"之称，首府为波兹南，波兹南是波兰最古老的城市之一，见证了波兹南起义、波兹南事件等众多历史事件。二战以后，波兹南得到了迅速的发展，成为一个国际化大城市。很多展会、国际会议都在波兹南举办。

　　波兹南东北50千米处是西部古城格涅兹诺市。格涅兹诺于公元8世纪时已兴起，是波兰历史上最早的首都。波兰第一个王朝就在这里建都，因而此处文物古迹众多，被誉为波兰文化的发祥地。公元1000年，格涅兹诺建立独立的大主教区，是波兰第一个天主教大主教区。

ATTRACTIONS
景点推荐

◆波兹南

① 老城广场

② 波兹南历史博物馆

③ 大教堂岛

④ 波兹南王宫

⑤ 波兹南大学

◆格涅兹诺

① 莱赫山

② 格涅兹诺大教堂

③ 格涅兹诺之门

罗兹省

POLAND

　　罗兹位于波兰中部的心脏地带，"一带一路"倡议实行以来，罗兹和成都互通铁路，每周都会有火车载着中国的货物来到波兰，或者运送波兰出口的商品来到中国。

　　罗兹曾经是一座农业城市，1793年之后罗兹被普鲁士统治着，1805年之后，罗兹加入了华沙公国。直到1820

年，斯坦尼斯瓦夫·斯塔什伊茨（Izrael Poznanski）开展了一个计划，将罗兹由一个农业小镇发展成为现代工业中心。

由于其地理位置，波兰被俄罗斯、普鲁士、奥地利瓜分的时候，罗兹属于俄罗斯占领的部分。由于资本主义在罗兹的发展，罗兹成为整个俄罗斯帝国的纺织制造中心，1825年，罗兹开设了第一家纺织厂，开始以蒸汽推动工厂的运作。罗兹当时也是各个国家民族移民居住的地方，波兰人、犹太人、德国人对罗兹的发展起了重大的贡献。19世纪，罗兹进入该市历史上工业最蓬勃发展的时期。

现在的罗兹是一座艺术与工业并重的城市，有很多名胜古迹，值得游客来参观。

ATTRACTIONS
景点推荐

❶ 皮奥特考夫斯卡大街
❷ 工厂
❸ 下水道博物馆
❹ 波兹南斯基宫殿

　　下西里西亚省首府为弗罗茨瓦夫，奥得河流经此地。该省建立于1999年1月1日，由弗罗茨瓦夫省、莱格尼察省、瓦乌布日赫省和耶莱尼亚石拉省整并而来。

弗罗茨瓦夫

wroclaw

POLAND

　　弗罗茨瓦夫是波兰的四大城市之一，这里风景优美、文化气息浓厚，还有"小矮人之城"的称呼，城内到处可见小矮人雕塑。

　　弗罗茨瓦夫大部分历史时期内是以多民族、多元文化为特色的城市，德意志、波兰、捷克、犹太等民族都在此处扮演过重要角色。德语曾经长期占有优势地位，二战以前该市是德国重要的工商业与文化名城之一，城市规模居全德国第六位。第二次世界大战后，该市是德国失去的最大城市，原有

的德国居民西迁，波兰东部割让给苏联领土上的大批波兰人迁入此地，弗罗茨瓦夫在人口构成上基本变成一个纯粹的波兰城市。

　　由于保留下以及战后重建的大量普鲁士、奥地利乃至波希米亚风格的建筑，弗罗茨瓦夫在波兰境内仍是一个独特的城市。

瓦乌布日赫
Waubrizh
P O L A N D

欧洲一直流传着关于纳粹的"黄金列车"的故事，据说在1945年春天纳粹战败之际，有一列载有纳粹洗劫的黄金、珠宝首饰和欧洲名画的"黄金列车"在瓦乌布日赫山区离奇消失。此后，这一地区一直引来全世界各地的人们去探索宝藏的秘密，寻找关于"黄金列车"的传说。

纳粹的"黄金列车"最后消失的地方就在瓦乌布日赫。瓦乌布日赫靠近德国边境，是寻找历史传说的游客必经的地点，这里曾经是波兰著名的采煤地区，老城的建筑很新。但是附近有一座建立在森林之中的ksiaz（克熊日）城堡吸引着国内外的游客。

ATTRACTIONS
景点推荐

❶ Ksiaz 城堡
❷ 老城

圣十字省是波兰中部的一个省，这里是波兰宗教气氛很浓的一个省，首府是凯尔采。

凯尔采在克拉科夫东北100千米处，中世纪时便以产银、锌、铜闻名。近年来，凯尔采贸易业发展迅速。购物中心有Radomska 中心、圣十字Pasaż中心以及Echo购物中心。Echo购物中心在2011年扩建完成，当时便成为波兰商铺数量最多的购物中心。

这里还是华沙-克拉科夫铁路干线上的要站，附近多岩溶洞，是一处旅游胜地。

景点
推荐

西里西亚省

POLAND

Traveling in Poland

西里西亚省是波兰南部的一个省，首府为卡托维茨。西里西亚源于13世纪的西里西亚公国。

西里西亚曾经长期属于普鲁士，1871年普鲁士领导德意志统一之后，西里西亚便成为德意志帝国的一部分，此后开始工业化，引来大批人口。

第一次世界大战之后，部分西里西亚地区归于波兰第二共和国。如今西里西亚的大部分地区属于波兰国土。

首府卡托维茨本身于19世纪建立，拥有大量的煤矿，该市的大规模繁荣都依赖于工业革命之后。

　　这里还有波兰天主教的圣城——琴斯托霍瓦，每年波兰的天主教信徒们都会去琴斯托霍瓦朝圣。琴斯托霍瓦城内小山上有修道院，因在瑞典入侵时进行过英勇保卫战而闻名，是波兰基督教精神力量的体现。

　　光明山修道院的主要部分是圣殿，始建于15世纪，原本为哥特式风格，1690年毁于大火，后来重建为巴洛克风格。

景点推荐

❶ 西里西亚博物馆
❷ 西里西亚歌剧院
❸ 琴斯托霍瓦光明山修道院

Traveling in Poland

奥波莱省

P O L A N D

奥波莱省位于波兰南部，南邻捷克，这是波兰面积最小的一个省，首府是奥波莱，属于西里西亚的一部分，有很多中小企业。

奥波莱位于波兰西南部奥得河畔，二战前为德国领土。这里交通发达，方便前往华沙和卡托维茨等城市。

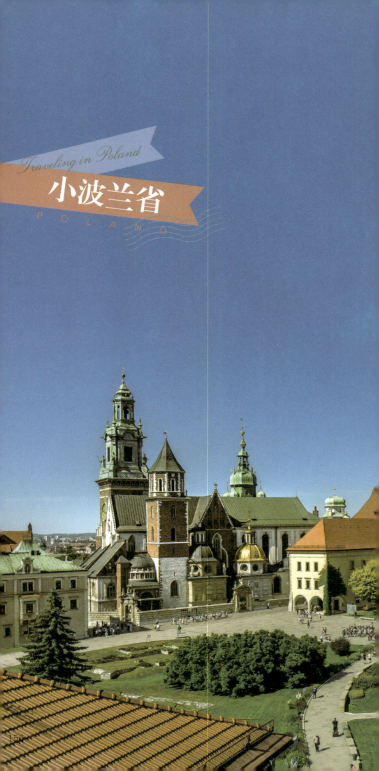

　　小波兰省是波兰东南部的一个省，首府为克拉科夫。该省是波兰经济发展潜力最大的省份之一，工业历史悠久，商贸发达。早在13世纪，这里就开始开采盐矿，成为波兰历任国王国库收入的重要来源。

　　小波兰省交通发达，历史上曾是重要贸易路线的交会处。欧洲交通走廊TINA III铁路线横跨该省。波兰第二大机场克拉科夫-巴立斯国际机场位于此处，航班可直达伦敦、巴黎、罗马、法兰克福、哥本哈根和芝加哥等重要城市。

　　小波兰省首府克拉科夫是波兰南部的一座美丽城市，也是欧洲最美丽的城市之一，相当于中国的"上海"。克拉科夫是波兰繁盛的雅盖隆王朝14—15世纪的古都，幸运的是，克拉科夫的旧貌在战争中保留了下来。

　　如果想了解波兰的灵魂，一定要到克拉科夫来旅行。这里有古老的瓦维尔城堡、被列为世界文化遗产的盐矿、美丽的古城、完好保留的犹太人生活区。 在克拉科夫附近乘坐汽车或

者火车可以抵达被列入联合国教科文组织文化遗产的"世界奇迹"——维利奇卡盐矿，以及纳粹屠杀犹太人的集中营——奥斯维辛集中营。

瓦维尔城堡距离克拉科夫的老城不远，步行可以抵达，围绕在瓦维尔老城周围的是缓缓流淌的维斯瓦河，波兰的政教名人很多都埋葬在瓦维尔城堡之中。这里也被称为波兰历史的象征。

克拉科夫的老城广场也是中世纪最大的老城广场，到了晚上广场周围点起了烛光，又有马车缓缓驶过，非常浪漫。

景点推荐

❶ 克拉科夫老城

❷ 维利奇卡盐矿

❸ 奥斯维辛集中营

❹ 瓦维尔城堡

❺ 犹太人区

Zakopane

扎科帕内
P O L A N D

　　扎科帕内是克拉科夫附近的山区，拥有波兰境内最高的塔特拉山脉。这里每到春季人们便前来赏花，夏季度假，秋季赏景，冬季滑雪。山区的房屋和清新的空气吸引着来自全国各地的游客。

ATTRACTIONS
景点推荐

❶ 塔特拉山
❷ 海眼
❸ 老城

喀尔巴阡山省

　　喀尔巴阡山省位于波兰南部，首府是热舒夫。

　　喀尔巴阡山省有一座非常美丽的城市——普热梅希尔。这是一座与众不同的城市，是波兰南部的第二大城市，也是在波兰被俄罗斯、普鲁士、奥地利瓜分时期，为奥地利所占领的一座城市。和波兰的其他城市相比，普热梅希尔别具韵味。

普热梅希尔位于波兰东南角，靠近乌克兰的利沃夫，这个城市非常漂亮，普热梅希尔的名字可能起源于西斯拉夫部落的一个传奇首领普热梅希尔。

普热梅希尔具有重要的地理位置价值。该地区9世纪的时候成为斯拉夫人创立的大摩拉维亚国家的一部分，是基辅、匈牙利、波兰争夺的焦点。981年，历史文献第一次提及普热梅希尔这个地区，14世纪的时候普热梅希尔被卡其米日三世夺取，成为波兰王国的一部分。当时第一个罗马天主教教区在这个城市建立起来。文艺复兴时期，这座城市成为主要的贸易中心，非常繁荣，人口众多，有波兰人、鲁塞尼亚人、犹太人、德国人、捷克人和亚美尼亚人。

但由于战争的破坏和波兰立陶宛联邦的衰落，这座城市此后也曾衰落了100年之久，直到18世纪末才重新繁荣起来。

1772年波兰第一次被瓜分的时候，普热梅希尔成为奥地利帝国的一部分，奥地利非常重视发展普热梅希尔，和克拉科夫、利沃夫之间都有铁路连接。

19世纪的时候，由于科学技术的进步，普热梅希尔重新修建、加固了堡垒，在环城市45千米的地方修建了44座大小不同的堡垒。二战的时候，普热梅希尔被德国和苏联军队占领。1975年普热梅希尔成为普热梅希尔省的首府。如今的普热梅希尔是一个具有波西米亚风情的色彩斑斓的城市。

ATTRACTIONS
景点推荐

① 老城广场
② 普热梅希尔历史博物馆
③ 钟表和烟袋博物馆
④ 罗马天主教的教堂
⑤ 希腊天主教的教堂
⑥ 东仪天主教的教堂
⑦ 卡其米日三世修建的城堡遗址
⑧ 四处堡垒

卢布林省位于波兰东部，首府是卢布林市。卢布林城位于波兰的东南部，是波兰靠近边界的一个重要城市，历史上一直具有重要的战略地位。

很早以前卢布林地区就出现了不同的文化部落，而卢布林作为一个城镇出现在历史文献中是从中世纪开始的。卢布林城于1317年建立，距今已经有700

多年的历史。现在的卢布林有很多历史古迹、各种各样别具特色的建筑，非常美丽。

卢布林一直以文化包容、多元为特色，几个世纪以来，在卢布林居住着犹太人、立陶宛人、乌克兰人，新教徒、天主教徒等等。

16世纪中期，宗教改革在卢布林发展，一个重要的犹太人社群也在卢布林组成，成为城市文化的重要部分，一直到二战期间纳粹屠杀犹太人为止，犹太人社群解散。

ATTRACTIONS
景点推荐

❶ 老城
❷ 卢布林城堡
❸ 犹太人餐厅
❹ 卢布林城堡博物馆
❺ 塔楼
❻ 三圣教堂

波德拉谢省

波德拉谢省位于波兰的东北部，东邻白俄罗斯和立陶宛，首府为比亚韦斯托克。比亚韦斯托克是一座神奇的城市，世界语的创造者——眼科医生柴门霍夫就居住在比亚韦斯托克。

比亚韦斯托克一直以多元文化为显著的特点。比亚韦斯托克的波兰语意思为"白色的坡"，整座城市以白色为基调，优雅美丽。波兰最大的原始森林就在比亚韦斯托克。

ATTRACTIONS
景点推荐

❶ 圣罗克教堂
❷ 抹大拉的玛利亚教堂
❸ 圣母玛利亚大主教堂
❹ 市政厅
❺ 布兰妮奇宫
❻ 比亚韦斯托克历史博物馆

瓦尔米亚–马祖里省

　　瓦尔米亚–马祖里省位于波兰东北部、维斯瓦河下游，北邻俄罗斯，包括奥尔什丁、苏瓦乌基及周围毗连地区，面积5.3万平方千米。

　　这里的景色格外优美，树林茂密，湖泊星罗棋布，环境清幽，还分布有冰碛丘（最高点海拔312米）和小盆地。

　　马祖里湖区有"千岛湖"的美誉，自然环境格外优美，是波兰主要的旅游区之一。

这里有2000余湖，中间又有运河相连，备受划船、独木舟、垂钓、远足、自行车等各类自然爱好者青睐。

到了夏天，人们不仅会前来欣赏这里秀丽的风景，也会到这里做各种积极的水上运动。到了冬天，这里又是滑雪者的乐园。

瓦尔米亚-马祖里省还有个著名景点——肯琴狼穴。

◆肯琴狼穴

◆奥尔什丁

① 哥白尼故居

② 城堡

③ 老城

◆弗伦堡

① 哥白尼工作室

② 塔楼

③ 港口

④ 哥白尼博物馆

◆埃尔布朗格

① 运河

② 陆地行船

库亚维-滨海省

库亚维-滨海省（库亚维-波美拉尼亚省）是波兰北部的一个省，首府是比得哥什（行政）和托伦（立法）。

Torun

托伦

P O L A N D

托伦是坐落在维斯瓦河畔飘着麦香的一座美丽小镇，也是哥白尼的故居，它仿佛是一个浓缩版的克拉科夫，红砖瓦房、古色古香，又不失灵巧。条顿骑士团曾经在13世纪的时候占领了托伦。漫步在托伦，会感到岁月缓缓地流逝，时光宁静了下来。

托伦的整个老城区被列为世界文化遗产，托伦在历史上贸易非常繁荣，充满着商贾气息。这个城市就如同维斯瓦河畔的一颗明珠一样。

景点推荐

❶ 托伦老城
❷ 条顿骑士团修建的塔楼和城堡
❸ 哥白尼故居
❹ 维斯瓦河河畔

比得哥什

POLAND

　　比得哥什是坐落在布达河河畔的一座美丽城市。这座城市起源于一个被称为比得哥什的捕鱼聚居地，是维斯瓦河贸易的一个据点，后来发展成为一座城市，13世纪时成为一个领堡的所在地。1331—1337年比得哥什被条顿骑士团占领，后来被国王卡其米日三世收复。1346年比得哥什被授予城市的权利，之后比得哥什涌入了很多犹太人，在15世纪、16世纪达到繁荣，缓缓流淌的维斯瓦河和布达河上飘着麦香，比得哥什成了重要的小麦贸易运输地。

　　历史上比得哥什一直是波兰的大城市，直到1772年波兰第一次被瓜分的时候，比得哥什成为普鲁士的一部分，1807年比得哥什成为华沙公国的一部分，1815年比得哥什复归普鲁士统治，成为自治的波兹南大公国的一部分和比得哥什地区的首府。1871年后该市是德意志帝国的波森省的一部分。第一次世界大战和大波兰起义之后，比得哥什于1919年回归波兰。1938比得哥什转属于波美拉尼亚省。第二次世界大战期间，比得哥什被纳粹德国占领，战争爆发不久就发生了"血色星期日"的抵抗活动，很多波兰人、德国人被杀害。比得哥什当地的犹太人也遭到了大屠杀，1945年比得哥什为苏联红军所解放。

比得哥什街道两旁林立着饱受战火洗礼的各个时期的建筑物，有巴洛克风格、古典主义、现代主义、新艺术主义风格的建筑。时间折射在这座安静的古镇里，小桥流水，落叶纷飞，别致而感人。

ATTRACTIONS
景点推荐

1 布达河畔
2 粮仓
3 过河小人雕塑
4 米尔岛
5 圣文森特和保罗教堂
6 圣母教堂

滨海省

　　滨海省是波兰北部的一个省，又称波美拉尼亚省（Pomorze），波兰语Pomorze 意思是"海岸"，即指波罗的海海岸，因此波美拉尼亚省也翻译成滨海省。

　　滨海省西面是西滨海省，这里有著名的三联城，由格但斯克、索波特和格丁尼亚组成，位于该省中部。三联城历史特点不同，但组成了统一城市功能的联合体，因此得名。

Gdansk 格但斯克
P O L A N D

　　格但斯克是滨海省的省府，拥有上千年的历史。关于格但斯克，有一句著名的名言：Nec temere, nec timide（既不鲁莽，又不胆怯）。

　　格但斯克是一座波罗的海边的美丽城市，有悠久的历史。这是一座极其有历史氛围的城市，老城建筑华美、古典，走在格但斯克的大街上，感受着阿斯圆拉河河面吹来的水汽，空气异常清新，阳光照射在鹅卵石地面上，锃光发亮，仿佛这个城市被水洗了一样，整个老城显得安静又悠远，既记录着汉萨同盟时期的辉煌，又体现了二战时期但泽自由市的风云。

　　历史在格但斯克沉淀了下来。

ATTRACTIONS
景点推荐

❶　老城

❷　格但斯克城市博物馆

❸　格但斯克的海神喷泉雕塑

❹　格但斯克的主城市与市政厅

❺　格但斯克的金门

❻　格但斯克的琥珀街

索波特
POLAND

Sopot

　　索波特是波兰最繁华的海边度假胜地、大型文化艺术节举办地及时尚购物中心。索波特干净整洁，拥有很多著名的景点，夏天来到波罗的海岸边的索波特，感受着清凉的海风和索波特的绿色，体会城市休闲娱乐的节奏，会感到非常惬意。

ATTRACTIONS

景点推荐

❶ 索波特栈桥
❷ 海洋灯塔
❸ 波罗的海海边
❹ 老城

Gdynia

格丁尼亚

P O L A N D

格丁尼亚是波兰滨海省的一座重要的港口城市，位于波罗的海格但斯克湾畔。波兰在战争期间为了对抗但泽的自由市而修建了这座城市。它曾经是一座小渔村，后来成了重要的军港城市。

相比格但斯克的大气、索波特的奢华富贵，这里有着独特的安静与美丽。

ATTRACTIONS
景点推荐

❶ 古迹战舰
❷ 海洋博物馆

西滨海省

　　西滨海省（西波美拉尼亚省）位于波兰的西北部，西邻德国，北临波罗的海。历史上，这个地区曾经隶属于德国。二战之后，西滨海省成为波兰的一部分。

　　这里经济发达，造船、捕鱼及水产品加工、运输和旅游业是当地经济的主要支柱。全省拥有22个出入境口岸，名列全国第一。波罗的海最大的港口什切青−西维诺乌依希切港就位于这里。什切青市也是西滨海省的首府。

　　什切青是波兰最大的海港之一，历史可以追溯到8世纪。这里的人口逐步被基督化，1237—1243年获得了重建，并加入汉萨同盟，1630年受到瑞典公国的控制，1720

年该市被普鲁士王国收购，于1870年成为德意志帝国的一部分，二战后波兰国土西移，什切青成为波兰的领土。

什切青被称为波兰的"小巴黎"。每个街角转弯处都有一个环形广场，以星状向四面八方延伸扩展。这样的布局像极了巴黎，是由巴黎的建筑师采用法国首都的设计蓝本设计的。

关于什切青有很多著名的传说，它是著名的女皇叶卡捷琳娜二世的出生地，还有很多著名的海盗传说。据说有一位传奇的海盗约翰·威沙克被称为"真正的海狼"，他是一名富甲一方的商人，他的船

装备良好，可以作战。在一次海战中，约翰被丹麦人俘虏，这时他们遇到了一位水手和天主教传教士，他们给约翰说情，丹麦人放了约翰。约翰回到了什切青，于是什切青也皈依了天主教。

这座城市的街道标着3种旅游路线：金色的，红色的，还有蓝色的路线，分别是著名建筑、历史路线和著名什切青居民房屋的标识。游客可以跟随这些路线，探索什切青的秘密。

ATTRACTIONS
景点推荐

❶ 圣雅各伯圣殿总主教教堂
❷ 圣若翰洗者圣殿
❸ 老市政厅
❹ 波美拉尼亚公爵的城堡
❺ 奥得河畔观光
❻ 什切青博物馆

韦巴

Leba

POLAND

韦巴有著名的斯诺文斯基国家公园，沿海岸线延伸33千米，公园里有多重生态环境，包括森林、湖泊、海滩和移动的沙丘，这些景色形成了美丽的沙漠奇观，公园里的野生动植物和鸟类资源非常丰富，到了夏天，很多人会来到韦巴度假，做各种海上运动。

ATTRACTIONS
景点推荐

❶ 斯诺文斯基国家公园
❷ 移动的沙丘

番外 · 旅本产品说明书

【品牌名称】番外（FARWHERE）
【产品名称】番外·旅本 & 番外旅行笔记本
【英文名称】FARWHERE TRAVELER'S NOTEBOOKS
【产品规格】115MM ×220MM × 1.8MM
115MM ×145MM × 1.8MM
165MM ×220MM × 1.8MM

⊛ 产品特点

◇一本改变你旅行方式的创意图书

每本图书都由一个或几个热爱雕刻时光、喜欢在路上边写边绘、推崇价值旅游的资深行者撰写，以绘本的形式呈现，充满了手工的温度和发现的热情。以此为范，愿你的旅行从此也爱上涂涂写写，用纸和笔替代相机和手机，愿你的旅行目光更多惊喜，脚步更加走心，时光愈加纯粹……愿你与路过的世界温情相拥！

◇一册可以反复使用传承一生的笔记本

每本旅本都附带环保内芯笔记本，本子用完即可替换，非常方便。当你开始涂鸦或记录时，这本图书就变成了你的私房旅行书，长此以往，将搭建一座只属于你的旅行博物馆。小册子也可用于记录日常生活，成为你的工作笔记本、生活笔记本、爱情笔记本……时光因雕刻而美丽，岁月因记录而传承，愿这些笔记本成为你一生的时光刻录机和月光宝盒。

◇一个功能全通格高的多功能钱包、斜挎包

当你将手机绑在牛皮绳中，将信用卡、护照、零钱置于旅本附带的收纳夹中，图书和笔记本就变成了钱包、斜挎包、旅行包，而旅本那张进口牛皮面封里让你逼格朴素而高大。在街角的咖啡桌前，你的形象瞬间从被奢侈品装饰的游客升级为装备专业的路上战士。

⊛ 适用对象

◇依据某知名网站指示找到那家挤满人的餐厅时，后悔没做私房旅行攻略
◇旅途中经常丢票丢钱，找不着手机和钱包
◇追求各种猛猛哒的旅行体验和萌萌哒的旅途故事
◇爱看绘本，喜欢涂鸦
◇手工中毒者，有 2 种以上很作的手工爱好
◇有一个写旅游书的梦想，就是旅行回来半天也憋不出几个字
◇只要做好死磕旅行的心理准备，生理年龄不限

⊛ 适用环境

◇世界各地，天气不限
◇特别适合雨天、夕阳中、咖啡馆遮阳伞下

⊛ 注意事项

◇写上电话号码，和"归还重酬"
◇护照复印件请藏袜子里，别放在票据夹内
◇笔记本内勿放大量现金，忌炫富
◇喜欢把本本插屁兜中，小心扒手
◇忌长时间暴晒，忌泡水
◇忌一年只换一本内芯

⊛ 特别说明

◇购买番外旅本，可免费以旧换新其他系列图书一次
◇番外旅行笔记本与番外签字笔、彩色纤维笔一齐使用，效果更佳，旅程更美

⊛ 番外的窝

更多交流、更多分享、更多惊喜，欢迎扫码